自分でできる かんたん 洋服お直しの本

宮原智子

アーク出版

着たいのに着られない
そんな洋服が眠っていませんか？

　袖口（そでぐち）や襟（えり）がすり切れただけのワイシャツ。ウエストがきつくなっただけのズボン。袖丈や着丈優先で買った、ちょっとぶかぶかめのブラウスやシャツ。成長期のお子さんの袖が短くなった子ども服……。

　そこだけ直せばまだまだ着られる洋服が、皆さんのおうちの中で眠っていませんか？

　私が洋服お直しの仕事を始めて15年。子どもの頃から、和裁が得意な祖母がぬってくれた浴衣やきもの、母が編んだセーターやミシンを踏んで作ってくれた洋服を着て、育ちました。そして、祖母も母も作ったきものや洋服は、サイズが小さくなれば幅を出し、ほつれたところがあれば修繕して、いよいよダメになるまで着せてくれました。

　洋服お直し～リフォームとは、古くて新しい知恵と技です。

　そして、ものを大切にするもったいない精神につながる、日本人の美徳だと、私は思います。

　自分で手をかけてお直しをして着続ける洋服は、着心地だけでなく、気分もあたたかくしてくれるはずです。

　本書は、私が主宰するリフォーム＆リメイクスクール『縫工房』のプログラムから、初級クラスのものを抜粋。経験ゼロから始められて、お直しのニーズが高いものを紹介しています。

　この本を手にとってくださったことで、皆さんのおうちに眠っていた洋服に再び出番を与えることができましたら、こんなにうれしいことはありません。

『縫工房』主宰

宮原智子

お直ししたいところは
どこですか？

サイズのお直し

既製服のサイズは昔よりきめ細かくなり、
トールサイズやスモールサイズなどを取り揃えたものもずいぶん増えました。
それでもオーダーメイドと違って、自分のジャストサイズのものはそうそう出会えないものです。
袖丈はLサイズだけど、幅はMサイズ。
肩幅はOKだけど、身幅がぶかぶか。
太ってウエストがきつくなった。
通信販売で購入した、裾上げサービスなしのデニムやパンツ。
サイズの悩みは、着る人の小さいこだわりの裏返し。
だから、自分でお直し。
ジャストサイズの洋服は見た目もおしゃれ、着心地も最高です！

ダメージのお直し

お値段も手頃でデザインもかわいくて、おしゃれなカジュアル服が大人気です。
でも意外に縫製がもろかったりします。
それからビジネスマンのワイシャツは左の袖口だけ、
腕時計の金属ベルトですり切れるし、背広のズボンのポケット口も、
腕時計の金属ベルトですり切れがち。パパのシャツは汚れの首輪を
毎日ごしごし洗ったら、襟ぐりがすり切れちゃったり……。
脱ぎ着の際に編み目を何かにひっかけて、
襟ぐりがほつれたセーターもありませんか？
マイナートラブルだからこそ、お直しをすればまだまだ現役続行です！

デザインリメイクでお直し

元通りに修復するのがお直しの基本ですが、デザインリメイクという変化球
もあるのです。
たとえば、すり切れた袖口や伸びた襟ぐりを思い切ってカット。直したい部
分をなかったことにして（！）、新しいデザインで生まれ変わらせる。
短くなった子ども服の袖も、黄ばみやシミが取れなくなった袖も、ついでに
なんだか着飽きた長袖シャツも、スパッとカット。
ノースリーブにしたり、フレンチスリーブ風にしたり、切りかえ布やレースを
あしらってみたり……。
性格的に、元通りのお直しよりこっちが向いているという方、デザイナー気
分でどんどん楽しんでくださいね！

CONTENTS

● お気に入りの洋服のお直し

Shirt …………………………… 6
　紳士シャツ
　婦人シャツ
　ブラウス

T-shirt …………………………… 9
　メンズTシャツ
　レディースTシャツ
　長袖Tシャツ
　子どもTシャツ

One-piece ……………………… 11
　子ども用ワンピース

Pants&Skirt …………………… 12
　紳士ズボン
　デニム
　スリット付きスカート

Others ………………………… 13
　ニット
　ポケット口
　ファスナー交換

● 洋服お直しの基本レッスン

基本の用具 ………………………… 14
本書で使う主なぬい方＆編み方 …… 15
採寸のしかた ……………………… 17

サイズのお直し

ボトムス……………………………………… 18
 紳士ズボンの裾上げをする
 デニムの裾上げをする
 スリット付きスカートの裾上げをする
 紳士ズボンのウエストを出す
 紳士ズボンのウエストを詰める

トップス……………………………………… 38
 紳士シャツの身幅と袖幅を詰める
 ブラウスの身幅を詰める
 Tシャツをサイズダウンする
 袖丈を詰める

ダメージのお直し

袖口のすり切れを隠す……………………… 48
ポケット口のすり切れを隠す……………… 50
ファスナー交換……………………………… 52
ニットの袖口のほつれを直す……………… 56
ニットの襟ぐりのほつれを直す…………… 57

デザインリメイクでお直し

襟ぐりのすり切れを隠す…………………… 58
長袖を半袖にする…………………………… 59
伸びた襟ぐりを隠す………………………… 60
着丈を短くする……………………………… 61
伸びた袖口を隠す
長袖をフレンチスリーブ風にする………… 62
短くなった袖をカバーする………………… 63

本書の使い方
・プロセス写真ではぬい目が見えやすいように糸の色を変えています。実際にお直しをする際は洋服と同じ糸を使ってください。
・ミシンぬいのときは、基本的にぬい始めとぬい終わりは返しぬいをしてください。
・プロセスではある程度のぬい幅があるものはマチ針を打ち、しつけをかけてぬっています。ぬい幅に応じてぬいやすいやり方で行なってください。

The "Onaoshi" of my favorite clothes
お気に入りの洋服のお直し

shirt 　袖口や襟ぐりのすり切れ隠しから袖丈や身幅の微調整まで、お直しできるところはたくさんあります！

サイズのお直し

紳士シャツの身幅と袖幅を詰める
（お直しはP38へ）

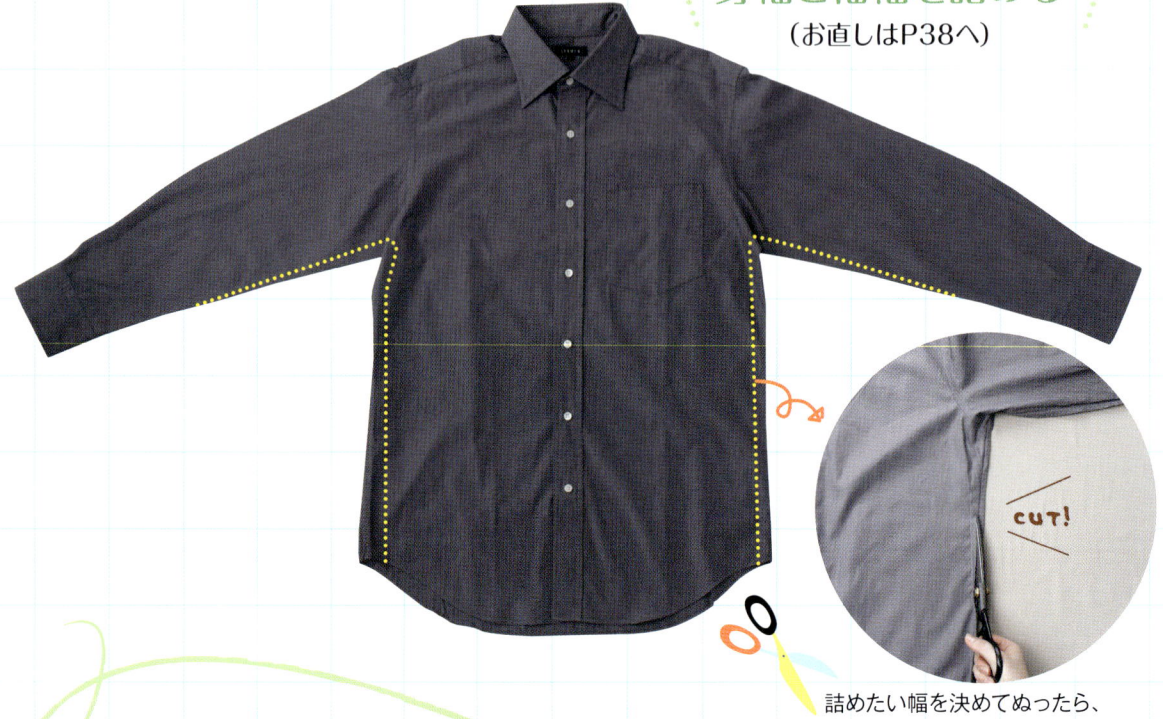

詰めたい幅を決めてぬったら、余分をカット。

リメイクでお直し

襟ぐりのすり切れを隠す
（お直しはP58へ）

after

台襟を残してカット。台襟を重ねてステッチをかける。

ダメージのお直し

袖口のすり切れを隠す
（お直しはP48へ）

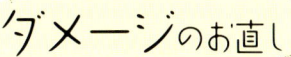

before

after

before　after

すり切れた部分の2〜3mm下をでき上がり線にします。

お直し後のカフスの幅はほとんど変わらず！

サイズのお直し

袖丈を詰める
（お直しはP46へ）

after

ここを詰める

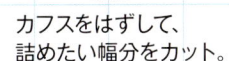

CUT!

カフスをはずして、詰めたい幅分をカット。

サイズのお直し

ブラウスの身幅を詰める
（お直しはP41へ）

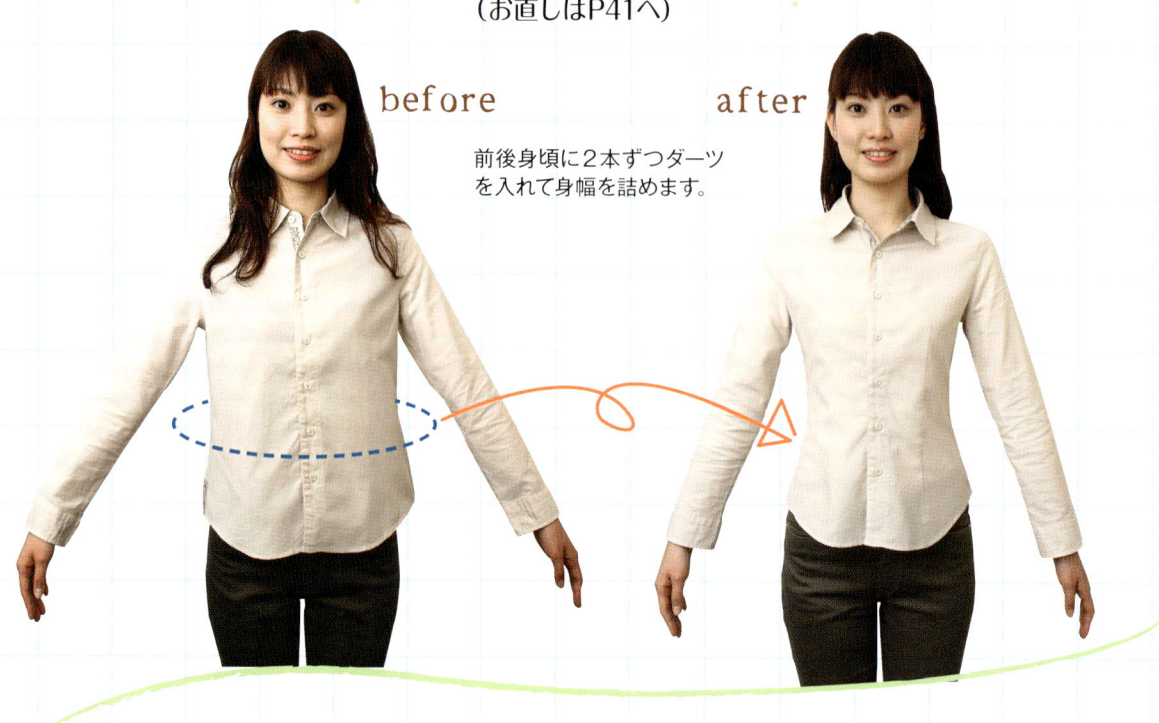

before　　　　after

前後身頃に2本ずつダーツを入れて身幅を詰めます。

リメイクでお直し

長袖を半袖にする
（お直しはP59へ）

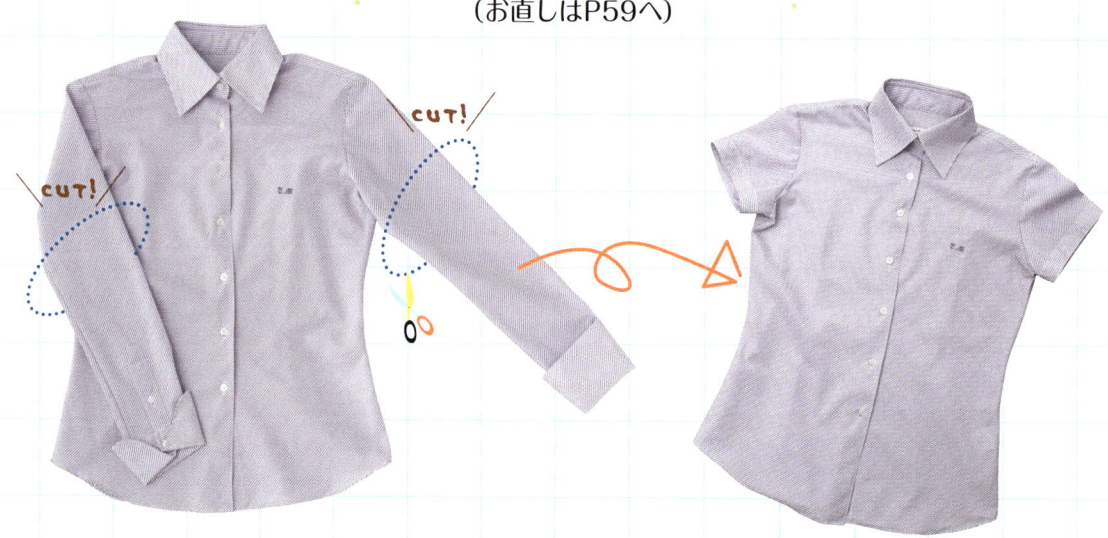

カットした袖部分で切りかえ布を作って、袖口につけました！

T-Shirt

メンズTシャツをサイズダウンしてプチTに！
オーダーメイド感覚でどんどんチャレンジしてください。

サイズのお直し

Tシャツをサイズダウンする
（お直しはP44へ）

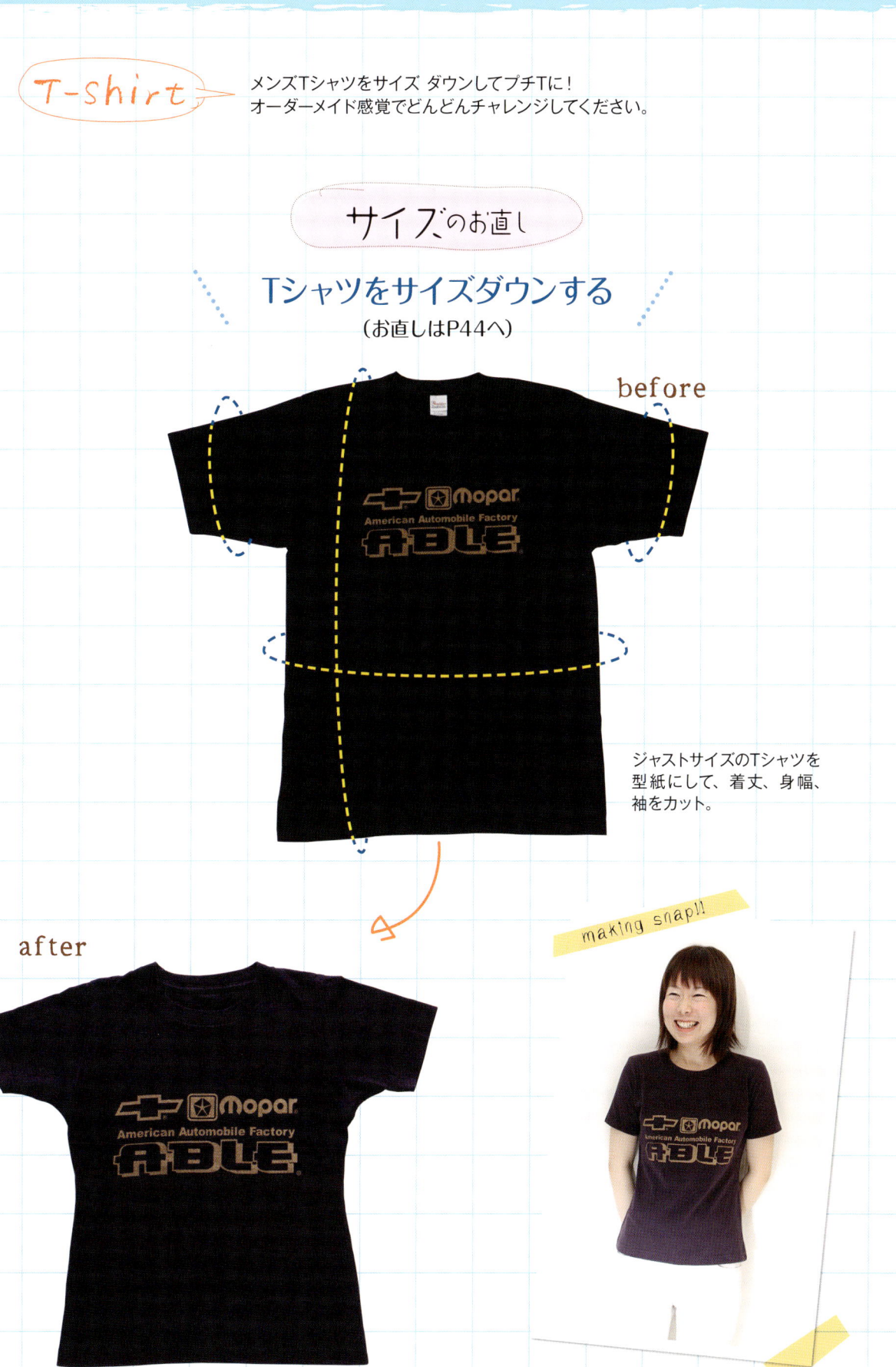

before

ジャストサイズのTシャツを型紙にして、着丈、身幅、袖をカット。

after

making snap!!

T-shirt

リメイクでお直し

伸びた襟ぐりを隠す
（お直しはP60へ）

before

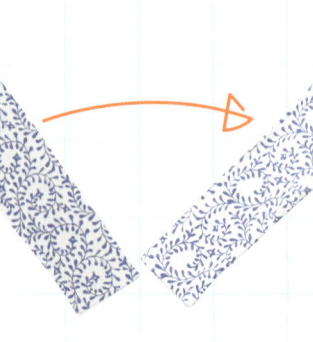

伸びた部分をカット。バイヤステープとリボンをあしらって！

after

長袖をフレンチスリーブ風にする
（お直しはP62へ）

before

after

袖底を短めにカットすると、フレンチスリーブっぽくなります！

着丈を短くする
（お直しはP61へ）

before

裾カットせずに着丈を詰めるレース使いの小ワザです。余ったレースは袖につけて。

after

Pants & Skirt

お直しニーズが高い裾上げやウエスト詰め＆出し。
プロのコツをひと手間かけるだけで仕上がりに差がでます。

紳士ズボンの裾上げ
（お直しはP18へ）

before

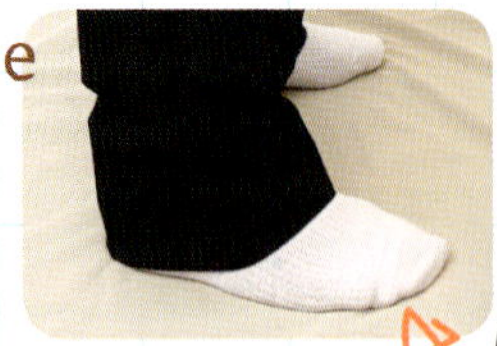

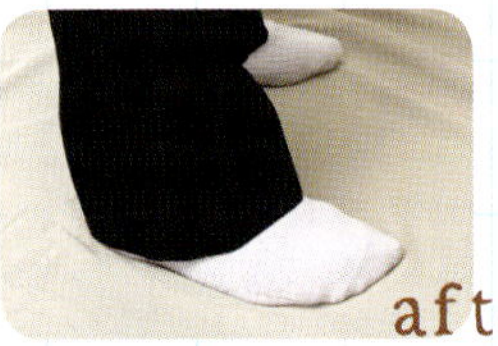

after

詰めたい長さにカット。
幅出しをしてプロの仕上がりに。

紳士ズボンのウエストを出す＆詰める
（お直しはP30へ）

before

ウエストを出す　ウエストを詰める

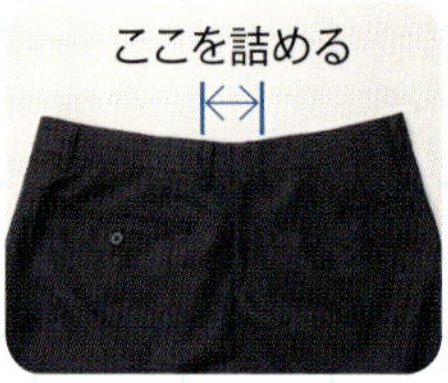

after

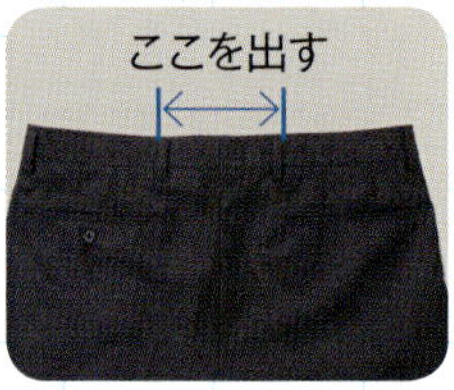

ここを出す　ここを詰める

後ろ中心のぬい代の幅を調整してお直し。ベルトループの位置がかわります。

サイズのお直し

デニムの裾上げ
（お直しはP24へ）

薄手で柔らかめのデニムなら家庭用ミシンでOK。

before　after

スカートの裾上げ
（お直しはP26へ）

スリット付きスカートは裾上げした分だけスリットは短くなります。

before

after

CUT!

スリットからカットすると楽チン！

Others

着るには困らないけれど見た目は恥ずかしい小さなダメージのお直しや、難しそうなファスナー交換も意外に簡単です！

ニットの襟ぐりの ほつれを直す
（お直しはP57へ）

before

after

毛糸に近い色の刺しゅう糸でほつれた部分を縫いとじます。

ニットの袖口の ほつれを直す
（お直しはP56へ）

before

after

ほつれた部分を刺しゅう糸のこま編みでかがります。

ダメージのお直し

ポケット口のすり切れを隠す
（お直しはP50へ）

before

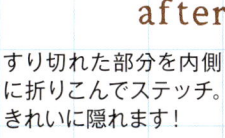
after

すり切れた部分を内側に折りこんでステッチ。きれいに隠れます！

ファスナー交換
（お直しはP52へ）

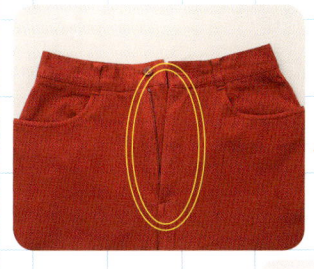

必要な長さにカットできるエフロンファスナーは、用途が広くて使い勝手よし！

\CUT!/

コツさえ覚えれば意外に簡単！

A basic lesson for you to enjoy "Onaoshi"!
洋服お直しの基本レッスン

本書で紹介するお直しはプロ用の専門的な用具やミシンがなくても大丈夫。
ミシンぬいも手ぬいもごく基本的なぬい方だけで進められます。
用具とぬい方と採寸。この3点を押さえたら、お直し待ちの洋服を引っぱり出して、さあ、始めましょう！

基本の用具

家のお裁縫箱にある普段使いのもので十分。

❶ しつけ糸

❷ ミシン糸＆手ぬい糸　お直しする洋服の素材に合わせた太さや色を選んで

❸ 毛糸　ニット製品のお直し用

❹ アイロン　スチーム機能付きがおすすめ

❺ ししゅう糸　ニット製品のお直し用。色数も多く毛糸になじみます

❻ かぎ針　ニット製品のお直し用

❼ チャコペン　印つけに

❽ 裁ちばさみ＆にぎりばさみ　裁ちばさみは布の裁断用。にぎりばさみは糸切りや細かい作業用

❾ 目打ち　糸をほどいたり、角を整えるときに便利

❿ マチ針＆手ぬい針　ぬい針は薄地用から厚手用まで太さや長さがいろいろ。用途に合わせて使い分けて

⓫ メジャー

⓬ ものさし

あると便利

手間が省けたり、仕上がりをよりきれいにできるグッズです。

リッパー
はさみでは切りにくい、きついぬい目や細かいぬい目の糸を切るとき重宝します。

糸通し(スレダー)
コンパクトなものや卓上型など種類豊富。あっという間に糸通しが完了！

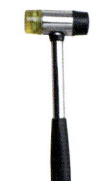

金づち
デニムなど厚手の生地をぬうときは、生地が重なる箇所は金づちで叩いて厚みをつぶすとぬいやすくなります。

プレスボール
ズボンの腰まわりやダーツなど丸みがある立体的な部分のアイロンがけに。ピシッと仕上がります！

チャコ消し
生地につけたチャコペンの印を消したいときに。

接着テープ
薄手の生地の伸び止めやほつれ防止、布の接着、仮止めなど使い方はいろいろ。アイロンで接着します。

本書で使う主なぬい方&編み方

ミシンぬい、手ぬい、かぎ針編みを紹介。基本をおさらいしたら、あとは"慣れ"です！

ミシンぬい

〈ステッチ〉
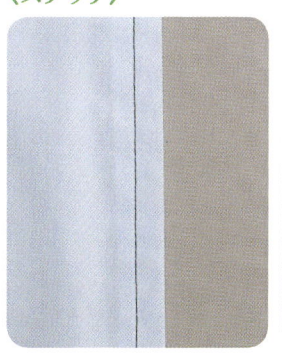

〈端ミシン〉
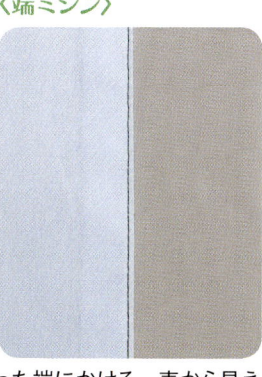

〈ジグザグミシン〉

〈ロックミシン〉
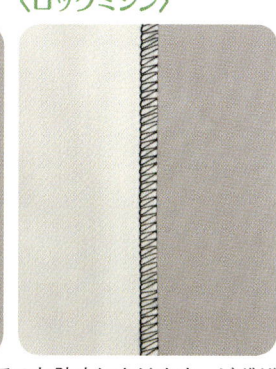

どちらもぬい代や裁ち端を折った端にかける、表から見えるミシン目。生地を落ち着かせたり、デザインのポイント用に生地と別糸を使ったりします。ステッチは目的に応じた位置、端ミシンは布端のきわをぬいます。

どちらもぬい代や裁ち端のほつれ防止にかけます。ジグザグミシンは針目がZ字に動き、その機能はほとんどの家庭用ミシンに装備されています。ロックミシンは専用のミシンで環ぬいというかがり方をします。

手ぬい

〈ブランケットステッチ〉

裁ち端の始末はミシンを使わなくても、手ぬいでかがることもできます。

1 最初の1針を刺します。

2 2〜3mm先を目安に針を刺します。

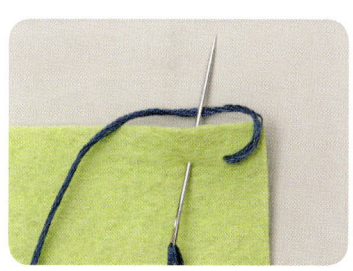

3 針の後ろに糸をかけます。

4 糸を引き抜きます。1目できました。

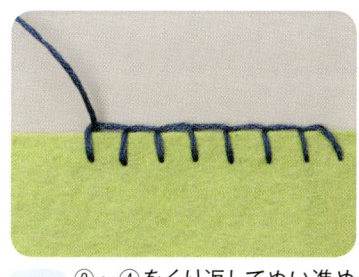

5 ②〜④をくり返してぬい進めます。

6 ぬい上がり。

手ぬい

〈まつりぬい〉 折り代を折り返してぬいとめるときや、裏地を本体に留めるときに用います。

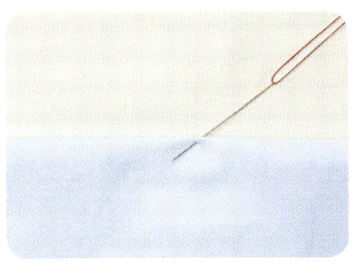

1 最初の1針を、折り山から1mmのところに刺します。

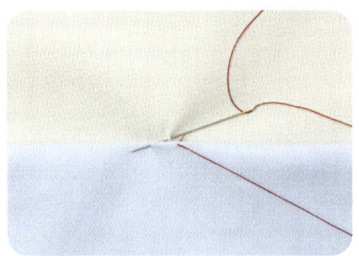

2 折り山の向こう側の布を1mmほどすくい、折り山の内側から針を出します。

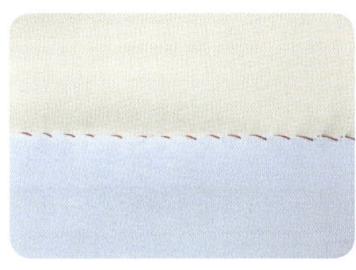

3 ぬい上がり。

〈本返しぬい〉 針目がミシンぬいのように見えるぬい方です。ミシンぬいの代用ができます。

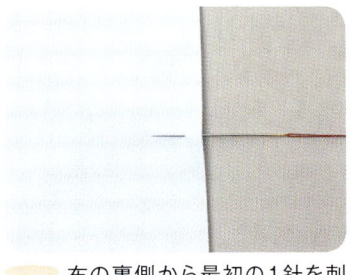

1 布の裏側から最初の1針を刺します。

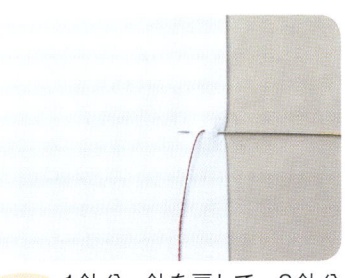

2 1針分、針を戻して、2針分先に針を出します。

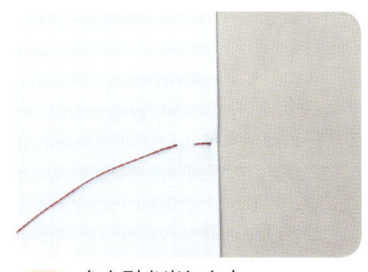

3 糸を引き出します。

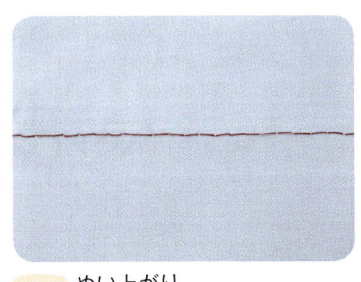

4 ぬい上がり。

編みもの

〈こま編み〉 ニット製品の袖口や裾のほつれをかがるときに用います。

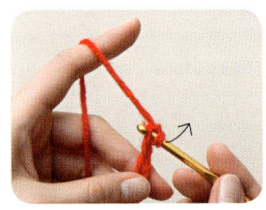

1 土台の段の目の頭に針を入れます。

2 糸をかけます。

3 2つの輪から糸を引き出します。

4 編み上がり。

採寸のしかた

自分のジャストサイズを知ることも、きれいに仕上がる重要ポイントのひとつ。正しい測り方をマスターしましょう。

バスト：両腕をからだの脇に自然に下ろして胸の一番高いところを水平に測る。
ウエスト：胴の一番細いところを水平に測る。
ヒップ：腰まわりの一番大きいところを水平に測る。
裄丈：ひじを軽く曲げた状態で、首の後ろの中心から肩先とひじを通って手首までの長さを測る。
背丈：首の後ろの中心からウエストまでを測る。

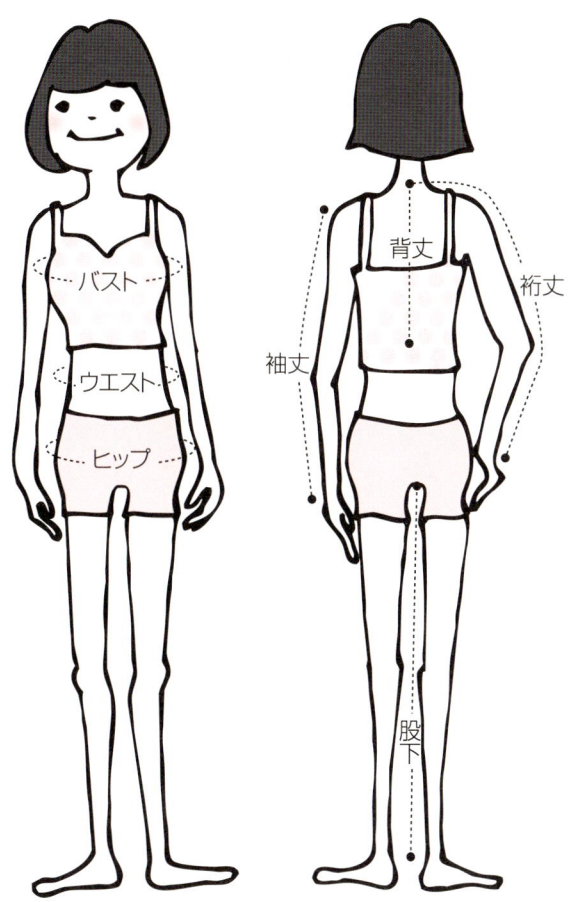

洋服の測り方

ジャストサイズの洋服があれば、1人で手っ取り早く採寸ができます！

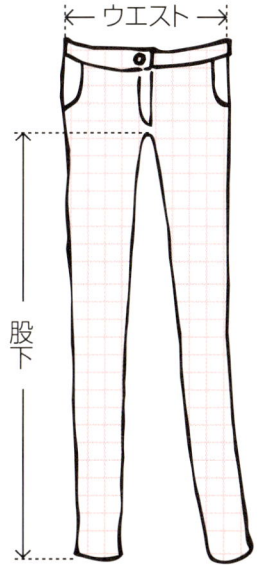

ウエスト：端から端まで測り2倍する。
股下：内股のぬい目から裾まで2回にわけて水平に測る。

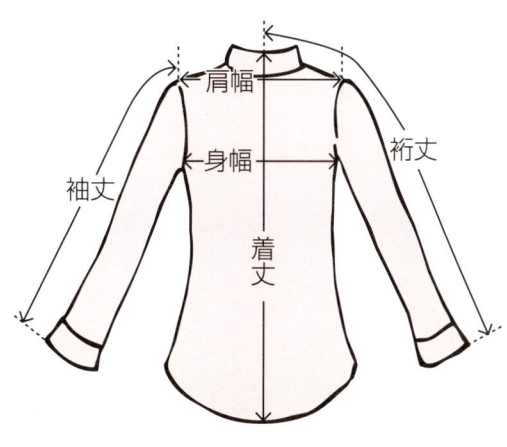

肩幅：袖付けから袖付けまで水平に測る。
身幅：袖のつけ根の脇の両端を水平に測る。
着丈：後ろ中心の襟付け線から裾まで水平に測る。
裄丈：襟の付け根から肩先を通り袖口まで測る。
袖丈：袖の付け根から袖口端まで測る。

[サイズのお直し＊ボトムス1]

紳士ズボンの裾上げをする

裾をカットするだけではなく、裾幅も広げるのがプロのコツ。
婦人用は裾の折り代を5～6cmにするだけで、やり方は一緒。靴ずれも
ないので、紳士ズボンよりも手間要らずです！

お直しの流れ

1. 裾上げしたい長さを決める。
2. 靴ずれをはずす。
3. 余分な長さをカット。
4. 裾幅を調整する。
5. 靴ずれをつける。
6. 裾を始末する。

応用できるもの

・シングル裾のズボン全般
・学生ズボン

※プロセスでは見えやすい糸を使用しています。実際は生地に合わせた糸を使用してください。

Start! ●裾上げしたい長さを決める

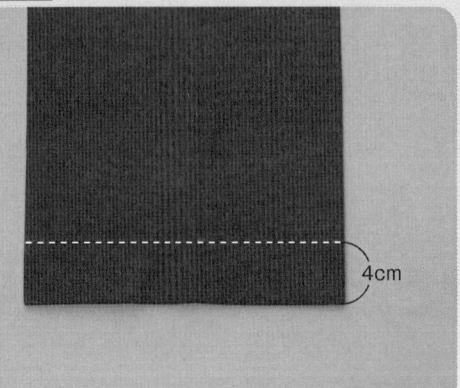

1 試着して測るか、お好みサイズのズボンの股下を測って、裾上げしたい長さを決める。サンプルは4cmにする。

2 前ズボンの裾線から4cmのところにでき上がり線の印を2～3ヵ所につける。

プロのコツ

3 後ろズボンにでき上がり線の印をつける。2の印に物差しを置いて裾を折り、物差しに沿って印をつけると簡単。

4 前ズボンの印をつなげてでき上がり線を引く。後ろズボンも同様に印をつなげる。

5 裾の折り代をほどく。3〜10cm間隔でぬい糸を切り、抜く。

プロのコツ

スーッとぬい糸が抜けるところまで抜く。無理に引っぱらないこと。

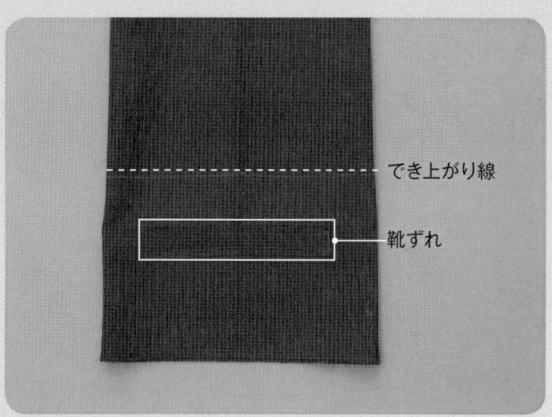

でき上がり線
靴ずれ

6 ほどき終わったところ。

●靴ずれをはずす

7 靴ずれをはずす。⑤と同様にぬい糸を切り、抜く。

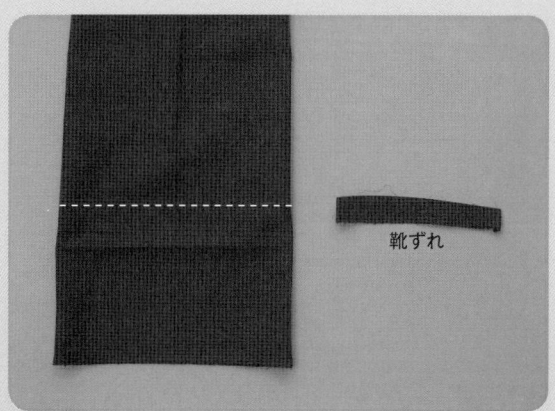

靴ずれ

8 はずし終わったところ。

9 ④のでき上がり線から10cmのところに裁ち切り線の印を2〜3ヵ所につける。折り代は10cmになる。

[サイズのお直し＊ボトムス1]

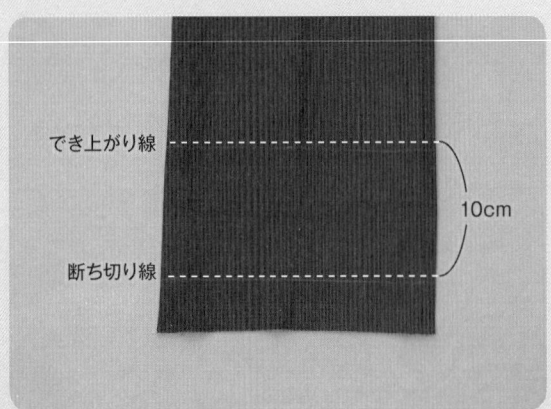

10 印をつなげて線を引く。

こまめにアイロン

11 アイロンをかけて生地を整える。

●余分な長さをカット

12 裁ち切り線で余分な長さをカットする。

●幅出しをする

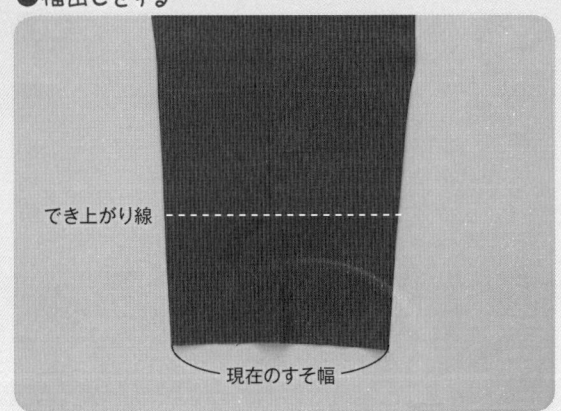

13 でき上がりの裾幅を確認し、幅出し分を決める。サンプルは1cmの幅出しになる。

14 ズボンを裏返しにする。前ズボンと後ろズボンの脇のぬい代をきちんと重ねてアイロンで押さえる。

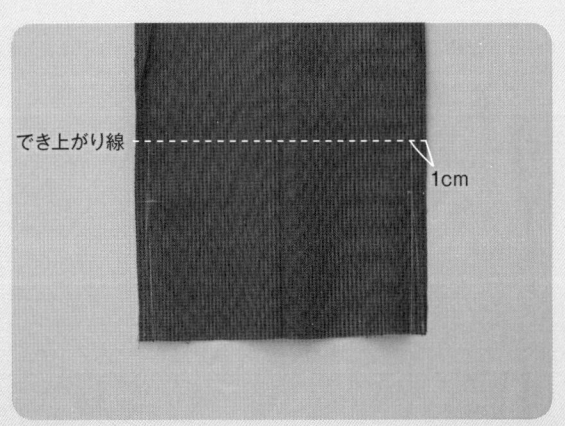

15 元の脇線から幅出し分1cmのところに印をつけ、でき上がり線とつないで新しい脇線を引く。

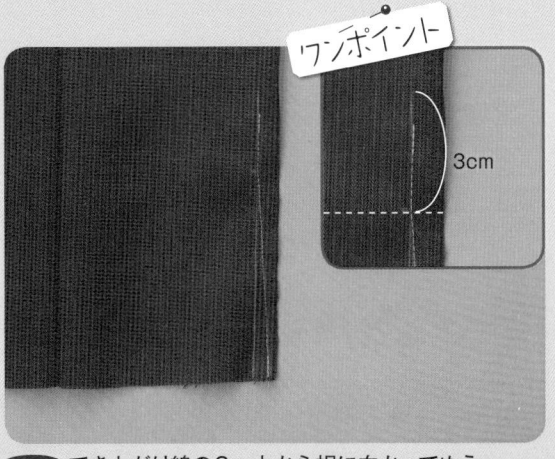

16 でき上がり線の3cm上から裾に向かってぬう。

17 元の脇線をほどく。

●靴ずれをつける

18 アイロンをかけてぬい代を割り、生地を整える。

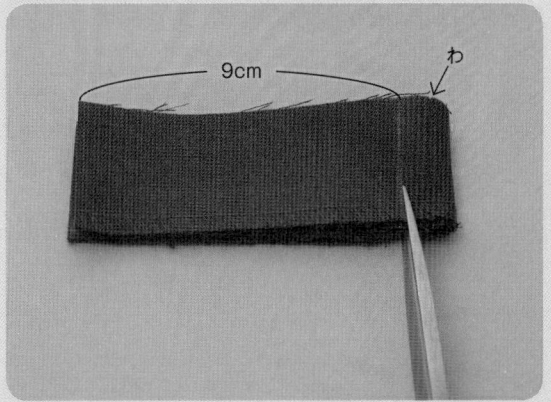

19 ⑫でカットした残布を横半分に折り、端から9cmのところをカット。ロックミシン部分はそのまま使う。

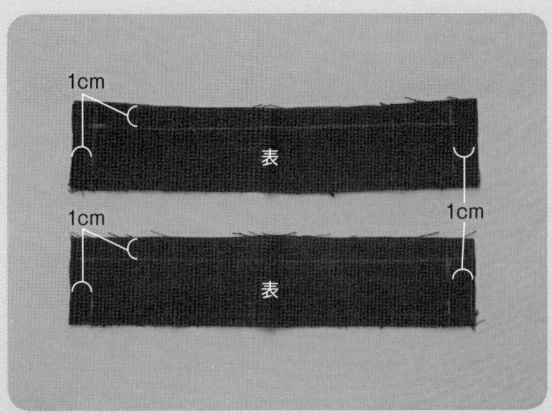

20 1cmのぬい代を取り、でき上がり線を引く。

21 でき上がり線で折り、アイロンで押さえる。

[サイズのお直し＊ボトムス1]

22 靴ずれが完成。

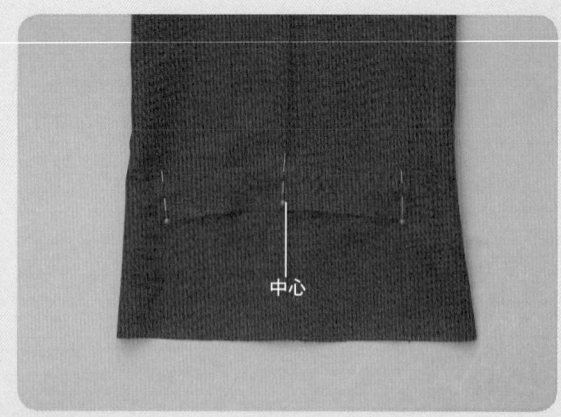

23 靴ずれの中心と後ろズボンの中心を合わせてマチ針を打つ。中心はでき上がり線に重ね、両端は5mm下に控える。

プロのコツ

24 靴ずれのでき上がり線の少し内側にしつけをかける。

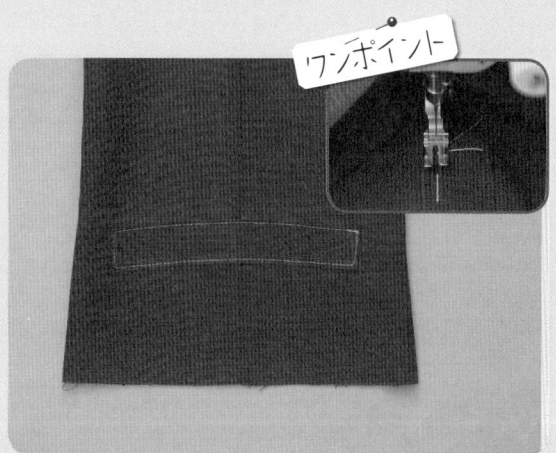

ワンポイント

25 ズボンを裏返してミシンをかける。

●裾の始末

26 裁ち端にジグザグミシンをかける。

27 でき上がり線で折り、アイロンで折り目を押さえる。

紳士ズボンの裾上げをする

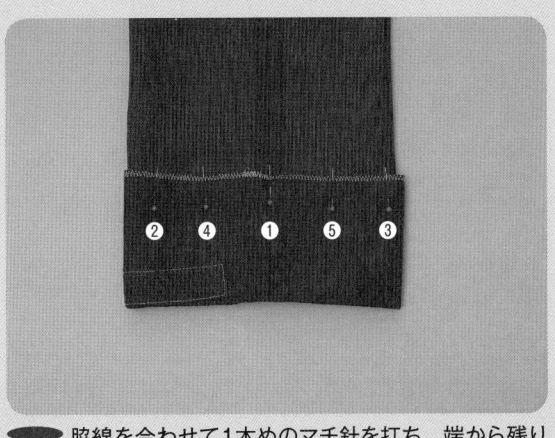

28 脇線を合わせて1本めのマチ針を打ち、端から残りのマチ針を打つ。

29 でき上がり線の少し内側にしつけをかける。

30 脇線からまつり縫いでまつる。

31 まつり縫いが完成。

プロのコツ

32 表に返して、裏側からアイロンをかけて生地を整える。靴ずれは指先で押し出しながら、アイロンで押さえる。

33 裾上げ4cmのお直しのでき上がり！

[サイズのお直し＊ボトムス 2]

デニムの裾上げをする

デニムの裾上げを家庭用ミシンでやるときのポイントは糸調整。
上糸より下糸を細い糸にすると、ミシンがかけやすいです。
いきなり本番ではなく、試しぬいで確認してから始めてください。

お直しの流れ

1. 裾上げしたい長さを決める。
2. 余分な長さをカット。
3. 生地の厚みをつぶす。
4. 裾を始末する。

応用できるもの

・裾が三つ折りステッチのもの全般

※プロセスでは見えやすい糸を使用しています。実際は生地に合わせた糸を使用してください

Start! ●裾上げしたい長さを決める

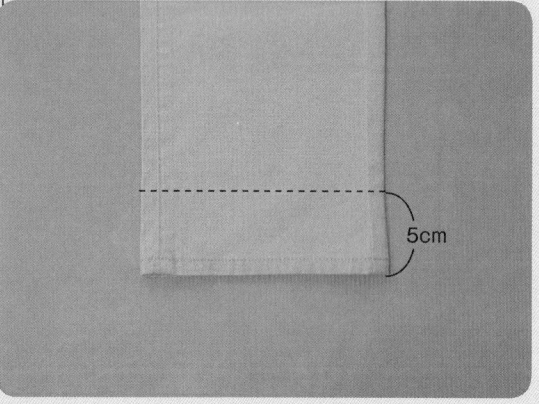

1 試着して測るか、お好みサイズのデニムの股下を測って、裾上げしたい長さを決める。サンプルは5㎝にする。

2 前ズボンの裾線から5㎝のところにでき上がり線の印を2～3ヶ所につける。

プロのコツ

3 後ろズボンにでき上がり線の印をつける。②の印に物差しを置いて裾を折り、物差しに沿って印をつけると簡単。

4 前ズボンの印をつなげてでき上がり線を引く。後ろズボンも同様に印をつなげる。

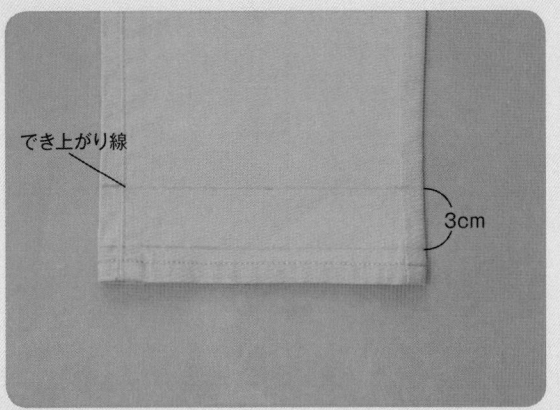

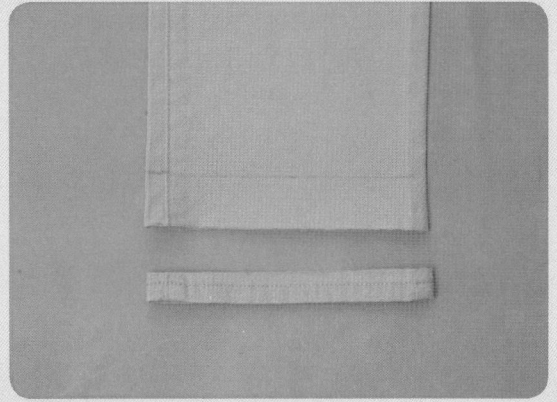

●余分な長さをカット

5 ④のでき上がり線から3cmのところに裁ち切り線の印をつけ、線を引く。折り代は三つ折りにして現状と同じ幅になるように取る。

6 裁ち切り線で余分な長さをカットする。

●裾の始末

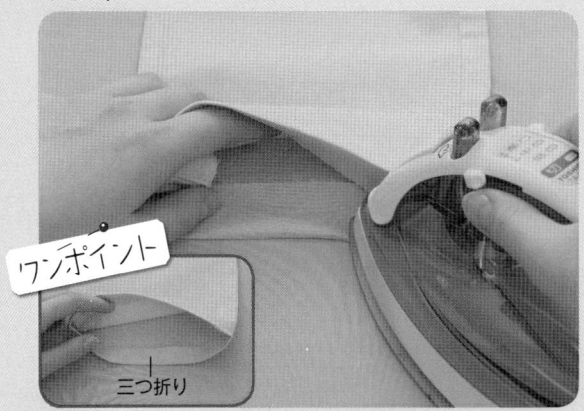

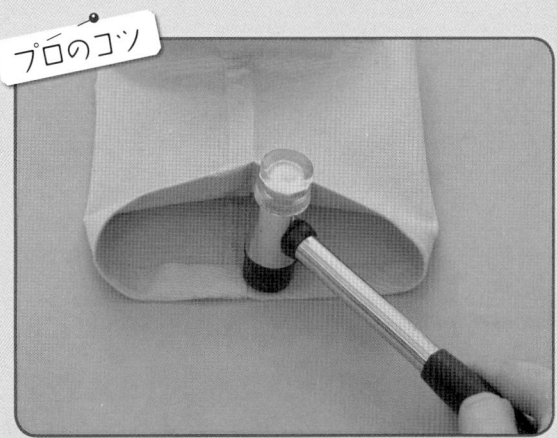

7 でき上がり線で折り、折り代を1cm幅の三つ折りにしてアイロンで押さえる。まず5mm折り、次に1cm折って三つ折りにする。

8 生地が重なって厚くなっている部分は金づちなどで叩いて、厚みをつぶす。

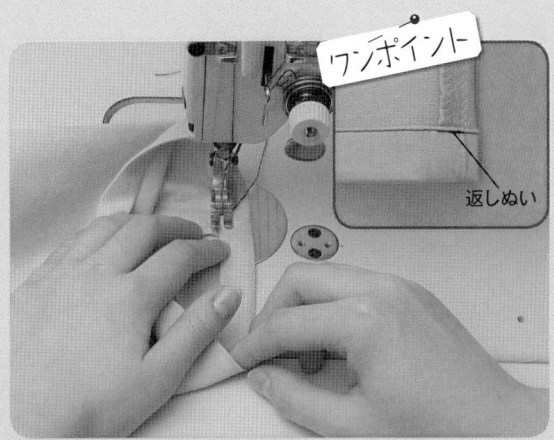

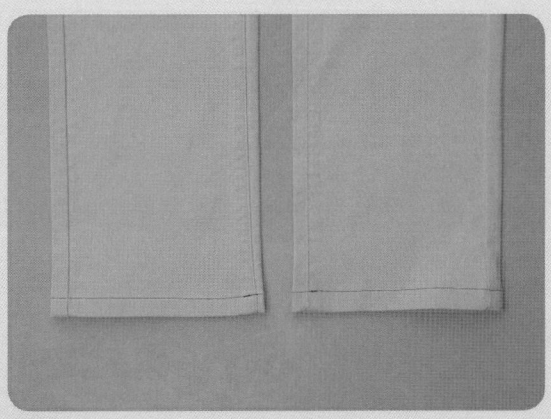

9 生地端から5mmのところにステッチをかける。脇からぬい始める。

10 裾上げ5cmのお直しのでき上がり！

[サイズのお直し＊ボトムス 3]

スリット付きのスカートの裾上げをする

スリット部分の始末がひと手間あるだけで、裾上げ作業そのものはいたってシンプル。裾が広がっていないスカートなら、すべてこのやり方できれいに裾上げができます。

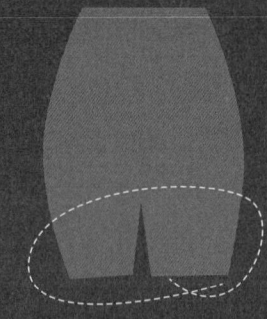

お直しの流れ
1. 裾上げしたい長さを決める。
2. スリット部分をほどく。
3. 余分な長さをカットする。
4. スリット部分をぬう。
5. 裾を始末する。

応用できるもの
・裾が広がっていないスカート
・裾にプリーツやひだがないスカート

※プロセスでは見えやすい糸を使用しています。実際は生地に合わせた糸を使用してください。

●裾上げしたい長さを決める

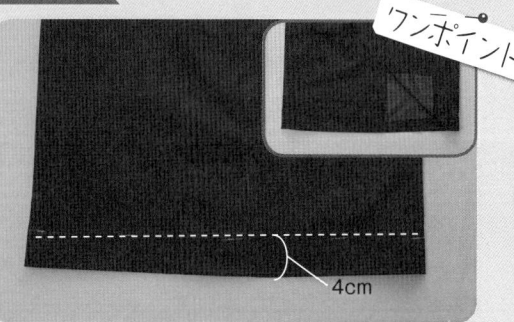

1 スリットが最低10cm残るようにして裾上げする長さを決め、前スカートと後ろスカートにでき上がり線の印をつける。サンプルは4cmにする。

2 後ろスカートに印をつけ、前スカートと後ろスカートの印をつなげてでき上がり線を引く。

●スリット部分をほどく

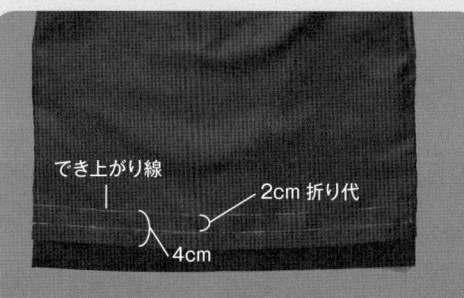

3 裏地の裾線から4cmのところにでき上がり線を引き、そこから2cmのところに裁ち切り線を引く。

4 でき上がりの長さの半分を目安に、スリットの裏地をはずす。

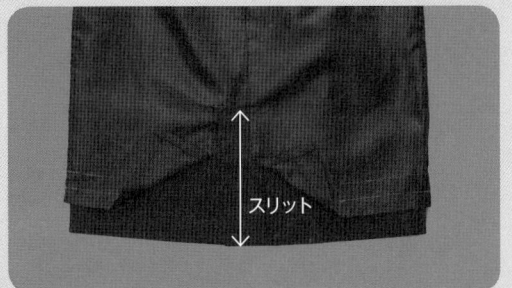

5 裏地をはずし終わったところ。裏地をとめるループがある場合はループもはずす。

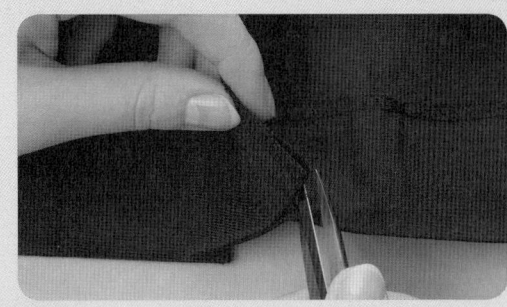

6 スリットの見返しを裾からはずす。

7 スカートの折り代をほどく。ぬいどまりの糸を切って抜くと、一気に糸を抜ける。

8 ほどき終わったところ。アイロンをかけて生地を整える。

9 前スカートと後ろスカートのでき上がり線から4cmのところに裁ち切り線の印をつける。

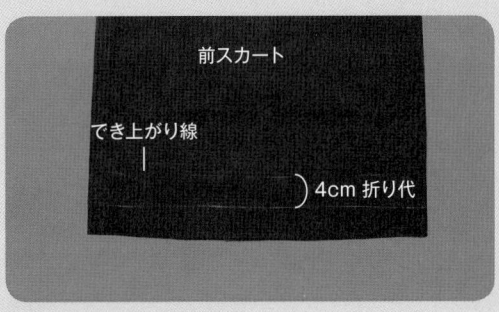

10 印をつなげて線を引く。

●余分な長さをカット

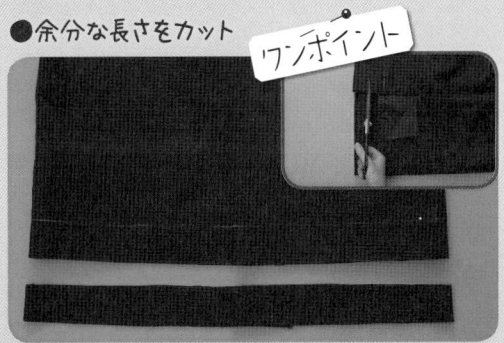

11 裁ち切り線で余分な長さをカット。スリットからハサミを入れる。

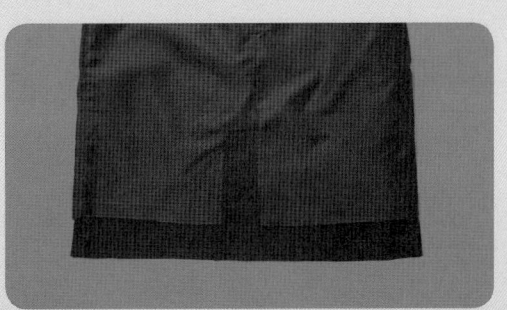

12 裏返して、裁ち切り線で裏地の余分な長さをカット。

[サイズのお直し＊ボトムス3]

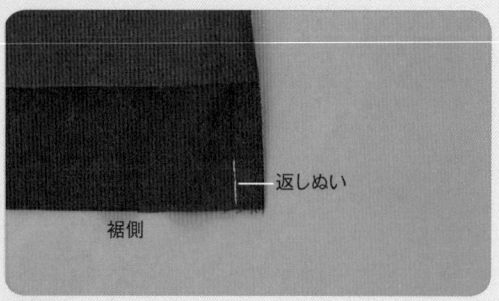

13 スカートの裾から2cmのところを返しぬいして補強する。

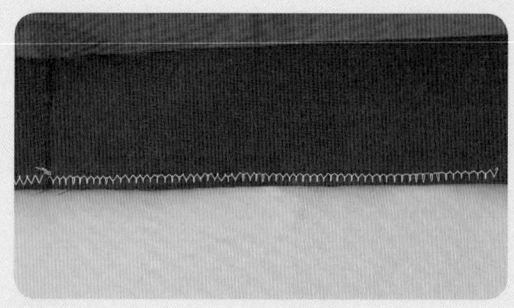

14 裁ち端にジグザグミシンをかける。

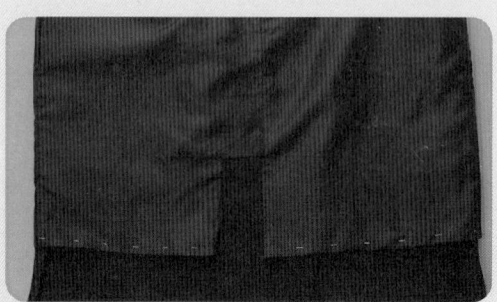

15 裏地の裾をでき上がり線で折る。折り代を1cm幅の三つ折りにしてアイロンで押さえ、しつけをかける。

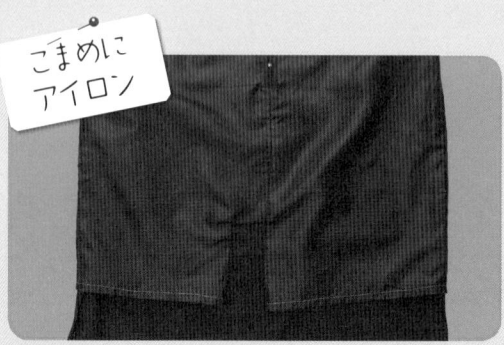

こまめにアイロン

16 裾をぬい、アイロンをかけて生地を整える。

●スリット部分をぬう

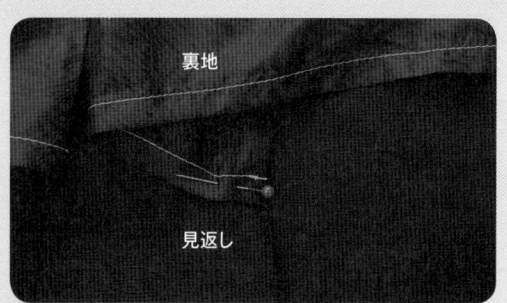

17 スリットの見返しに裏地を合わせて、マチ針を打つ。

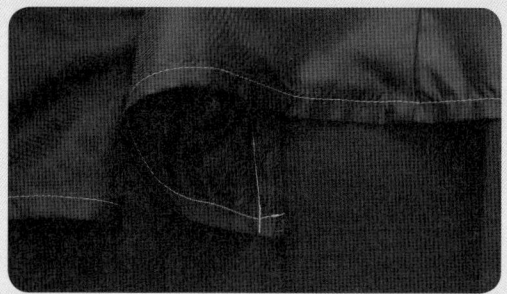

18 スリットをぬう。

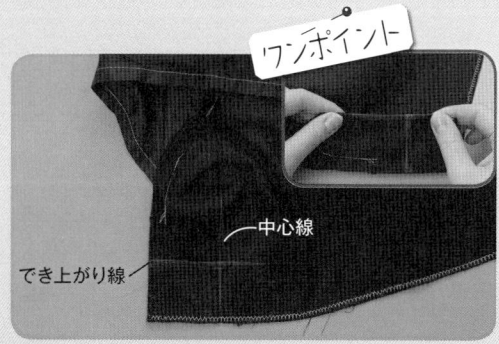

ワンポイント

19 見返しを中心線で中表に合わせて、でき上がり線から2mm下をぬう。

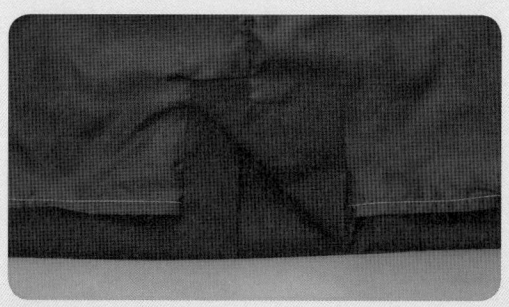

20 スリットが完成。

●裾の始末

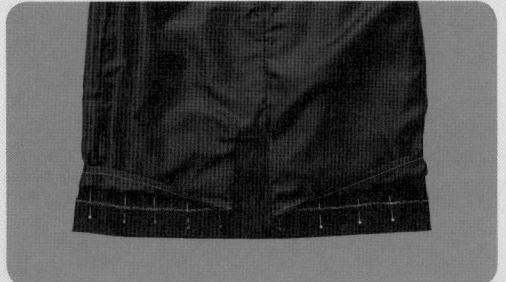

21 でき上がり線で折り、アイロンで折り目を押さえてマチ針を打つ。

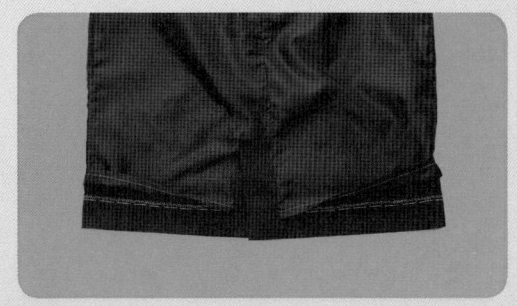

22 でき上がり線の少し内側にしつけをかける。

23 スリットの折れ山から2cmのところから、まつり縫いでまつっていく。

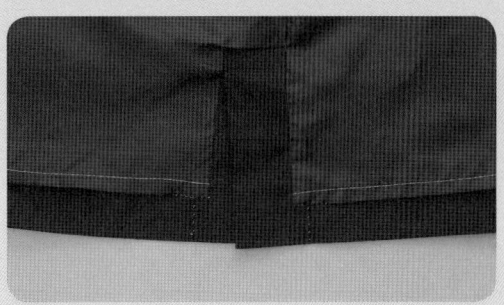

24 見返しと裏地をまつり縫いでまつる。

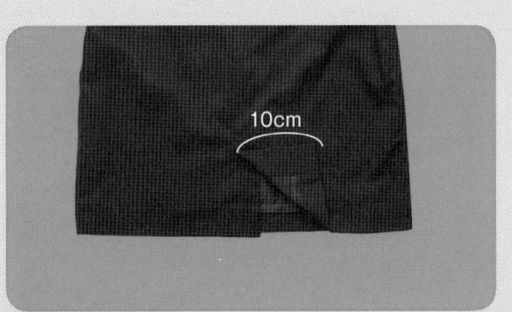

25 裾上げ4cmのお直しのでき上がり！

[サイズのお直し*ボトムス4]

紳士ズボンのウエストを出す

やっかいそうに思えて、実はとっても簡単なのが、紳士ズボンのウエスト出し！ 出し幅5㎝までなら、ビギナーさんでも簡単にできます。

お直しの流れ
1. 出したい幅を決める。
2. 腰裏をはずす。
3. うしろ中心のぬい代の幅を出す。
4. 腰裏をぬう。

応用できるもの
・紳士ズボン全般
・学生ズボン

※プロセスでは見えやすい糸を使用しています。実際は生地に合わせた糸を使用してください。

Start!

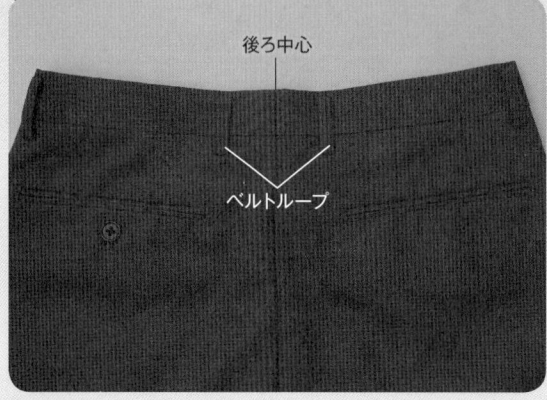

1 後ろ中心のベルトループの位置を確認する。ベルトループが後ろ中心にあるタイプははずす。サンプルははずさなくてもOK。

チェック

ベルトループがうしろ中央にあるタイプ。

●出したい幅を決めて、腰裏をはずす

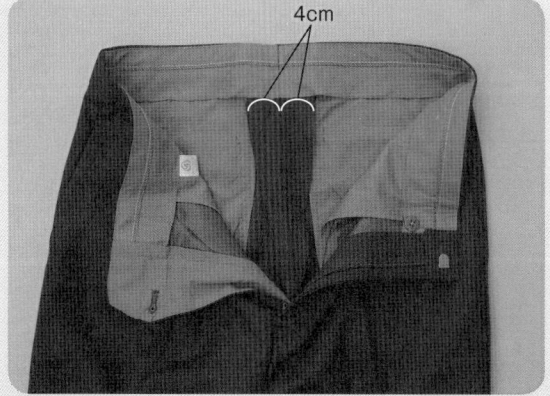

2 出したい幅が取れるか、後ろ中心のぬい代の幅を確認する。布端から最低1㎝のぬい代を取り、残りが出せる幅になる。サンプルは4㎝にする。

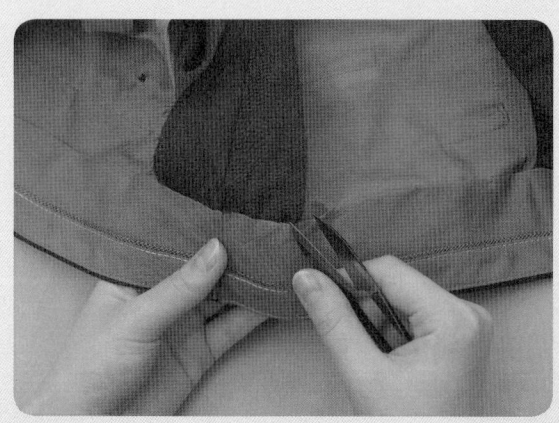

3 腰裏をはずす。

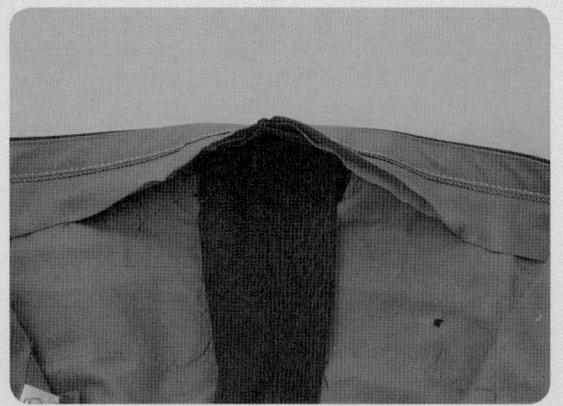

4 はずし終わったところ。

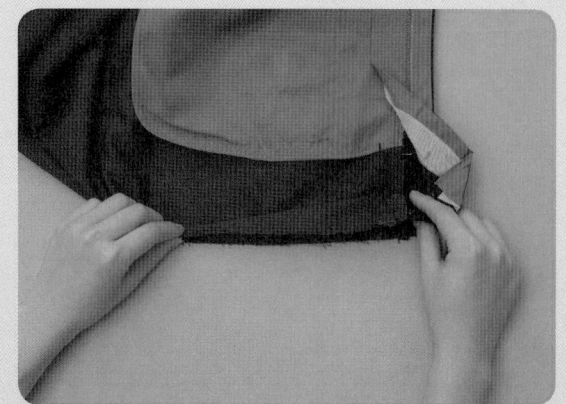

5 ズボンを裏返して、後ろ中心の左右のぬい代を重ね合わせる。

こまめに
アイロン

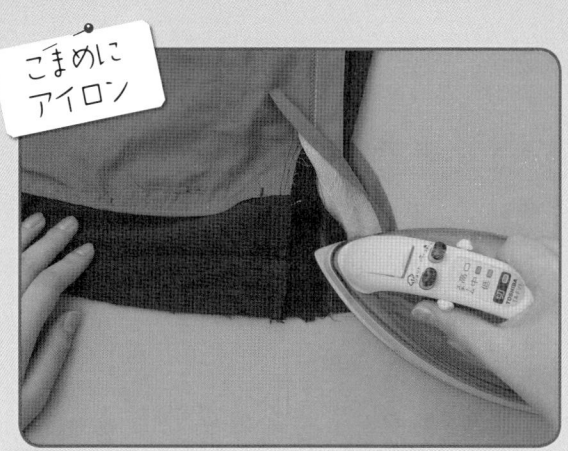

6 重ね合わせたぬい代にアイロンをかけて生地を整える。

プロのコツ

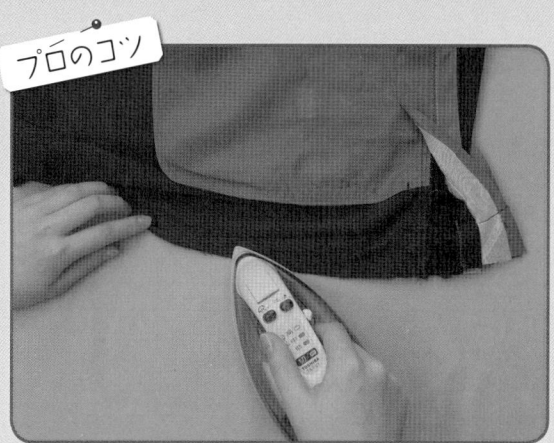

7 股の部分までアイロンをかける。

●ぬい代の幅を出す

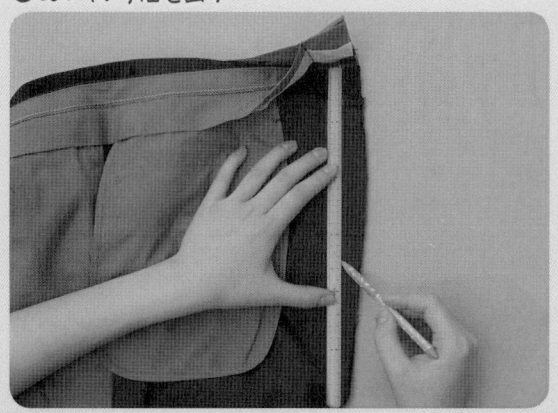

8 4cm出すので、ぬい目より外側2cmのところに印をつけ、ぬい目に沿ってでき上がり線を引く。

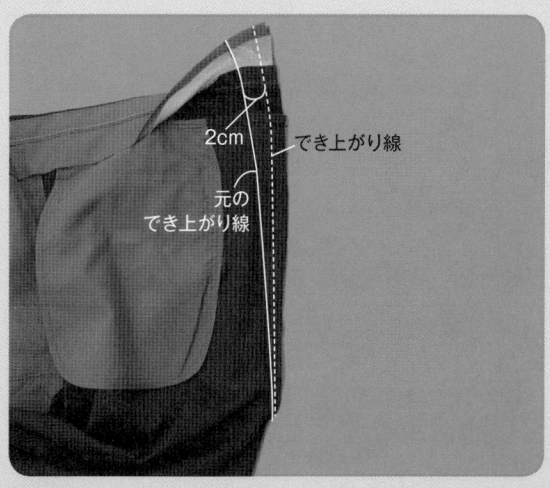

9 でき上がり線を引き終わったところ。ヒップから股にかけてはカーブに自然に沿わせて、線を引く。

[サイズのお直し＊ボトムス1]

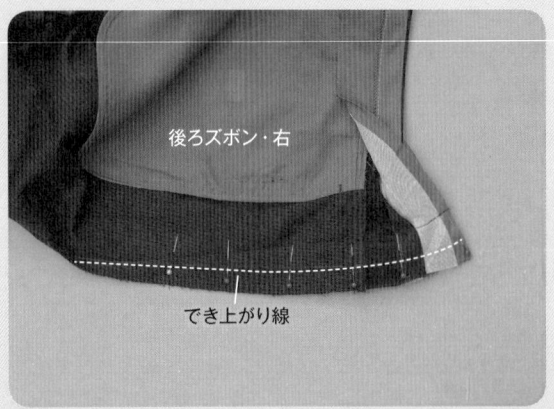

10 左右のぬい代がずれないようにマチ針を打ち、しつけをかける。

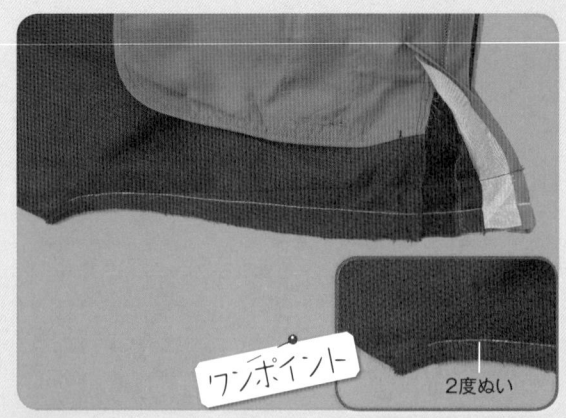

11 ウエストから股に向かってぬう。ぬい目の幅はせまくして二度ぬいする。

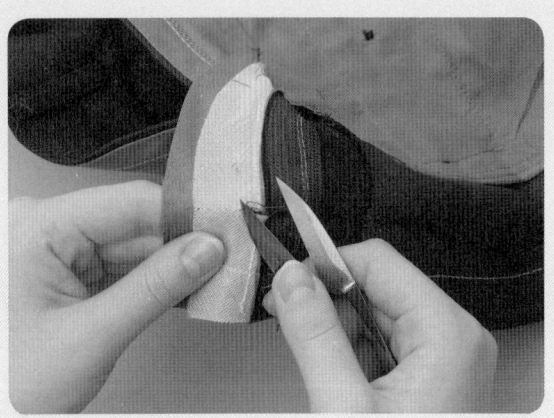

12 元のぬい目をほどく。

13 ほどき終わった終わったところ。

●腰裏をぬう

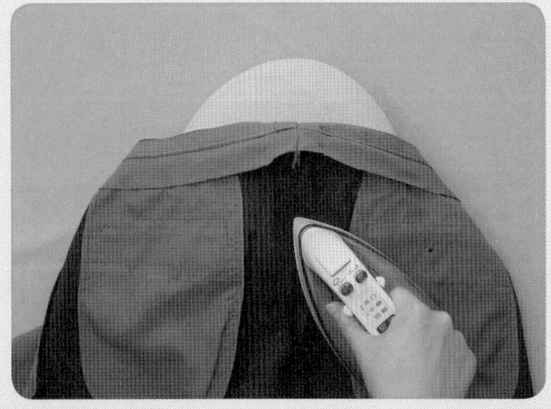

14 アイロンをかけてぬい代を割り、生地を整える。プレスボールを使うときれいに仕上がる。

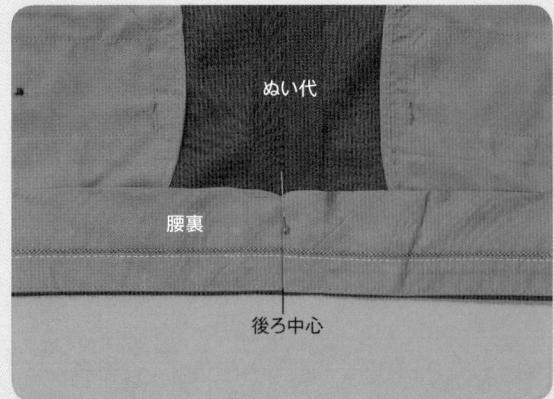

15 腰裏とぬい代を合わせてマチ針を打つ。

紳士ズボンのウエストを出す

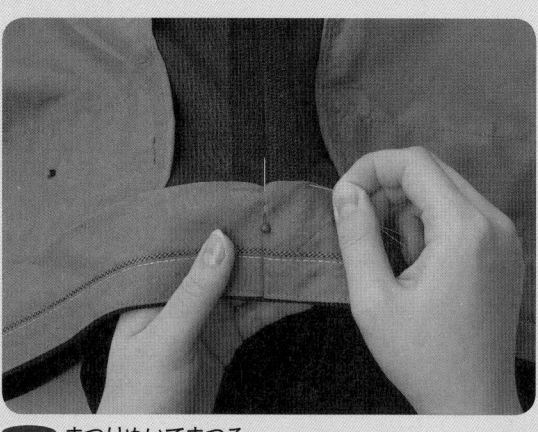
16 まつりぬいでまつる。

17 まつりぬいが完成。

18 ウエスト4cm出しのお直しのでき上がり！

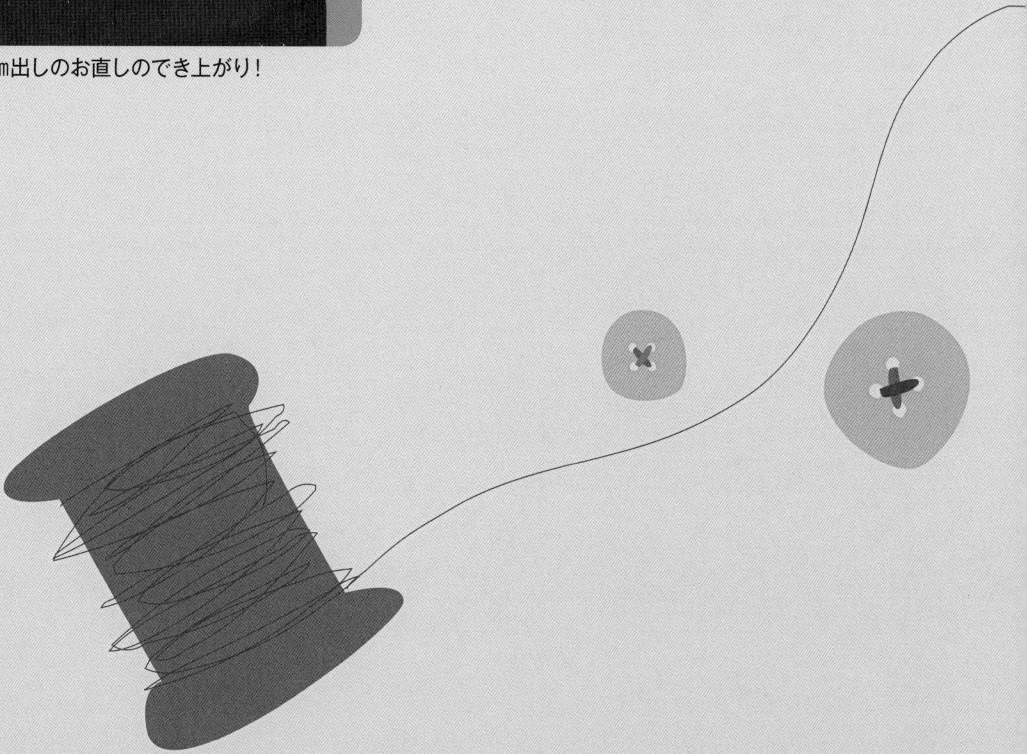

[サイズのお直し＊ボトムス 5]

紳士ズボンのウエストを詰める

成長盛りの男の子の学生ズボンなどは、どうしても大きめサイズを選んでしまうもの。ウエスト詰めをして、スマートにははかせましょう。ウエスト出しと一緒で、詰め幅5cmまでは簡単です！

お直しの流れ
1. 詰めたい幅を決める。
2. 腰裏をはずす。
3. うしろ中心のぬい代の幅を詰める。
4. 腰裏をぬう。

応用できるもの
・紳士ズボン全般
・学生ズボン

※プロセスでは見えやすい糸を使用しています。実際は生地に合わせた糸を使用してください。

Start!

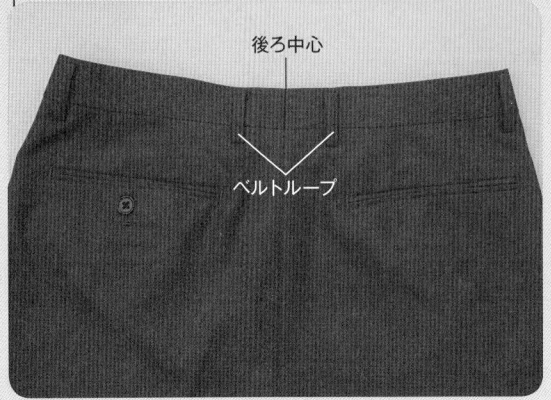

1 後ろ中心のベルトループの位置を確認する。ベルトループが後ろ中心にあるタイプははずす。サンプルははずさなくてもOK。

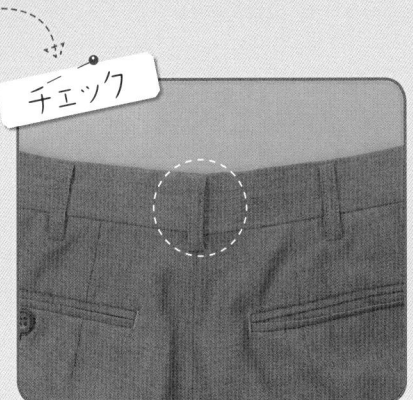

チェック

ベルトループが後ろ中心にあるタイプ。

●詰めたい幅を決めて、腰裏をはずす

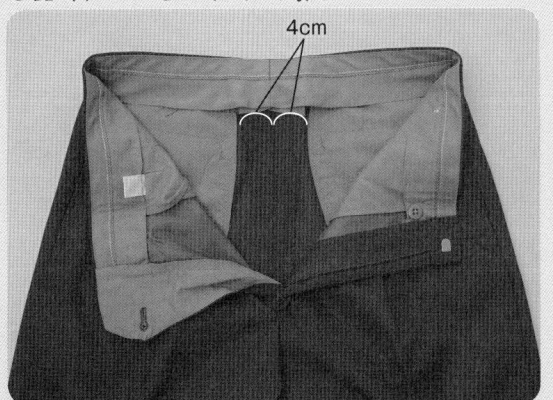

2 後ろ中心のぬい代の幅を確認する。布端から最低1cmのぬい代を取り、残りの幅が詰められる幅になる。サンプルは2cmにする。

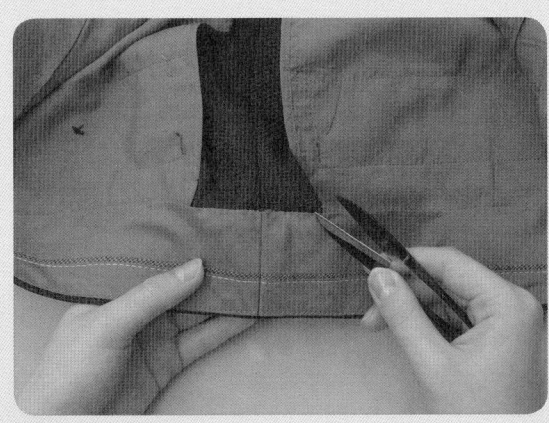

3 腰裏をはずす。

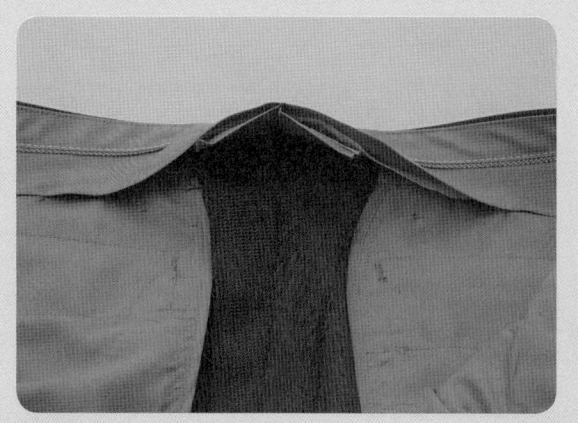

4 はずし終わったところ。

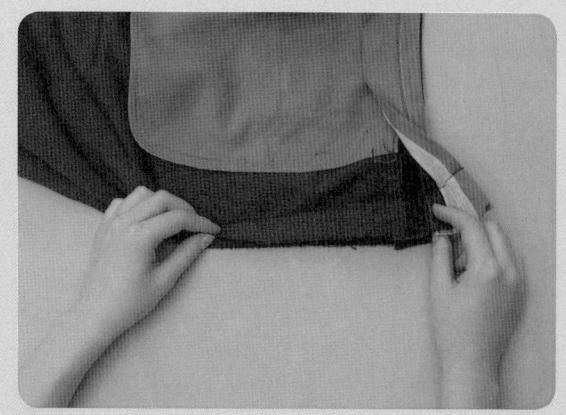

5 ズボンを裏返して、後ろ中心の左右のぬい代を重ね合わせる。

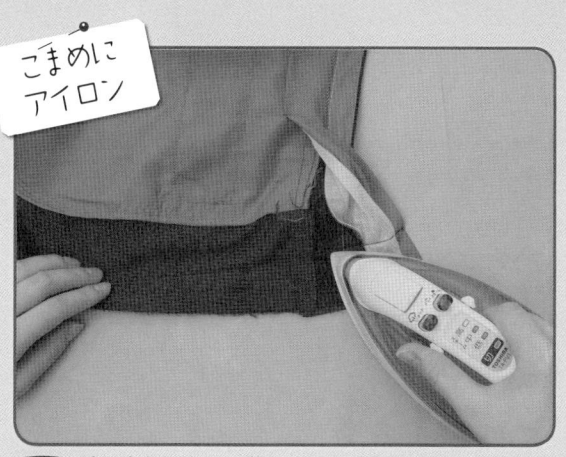

こまめにアイロン

6 重ね合わせたぬい代にアイロンをかけて生地を整える。

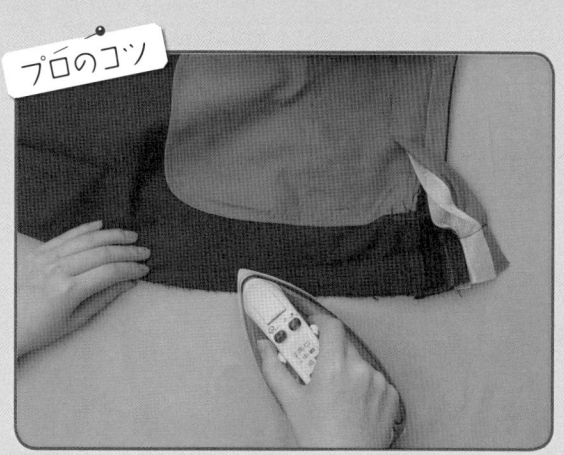

プロのコツ

7 股の部分までアイロンをかける。

●ぬい代の幅を出す

8 2cm詰めるので、ぬい目より内側1cmのところに印をつけ、ぬい目に沿ってでき上がり線を引く。

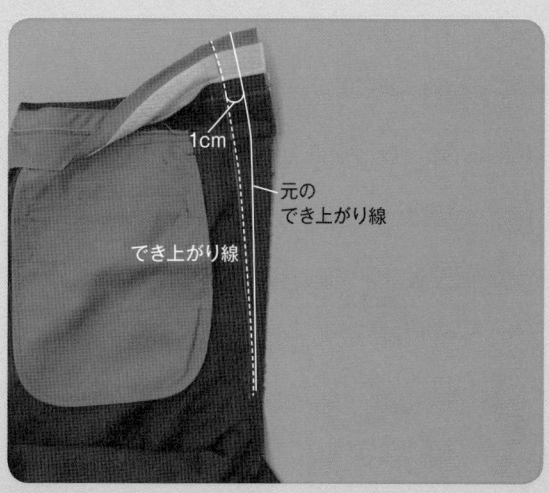

9 でき上がり線を引き終わったところ。ヒップから股にかけてはカーブに自然に沿わせて、線を引く。

1cm
元のでき上がり線
でき上がり線

[サイズのお直し＊ボトムス5]

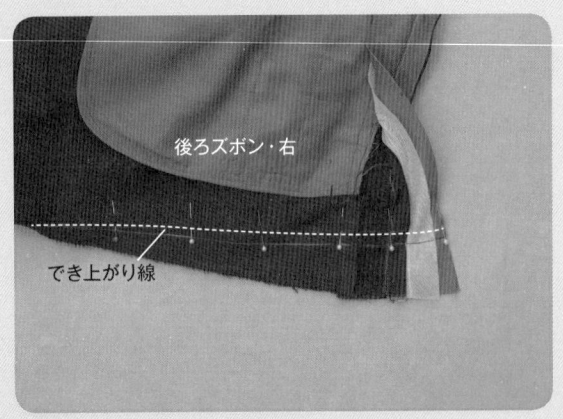

10 左右のぬい代がずれないようにマチ針を打ち、しつけをかける。

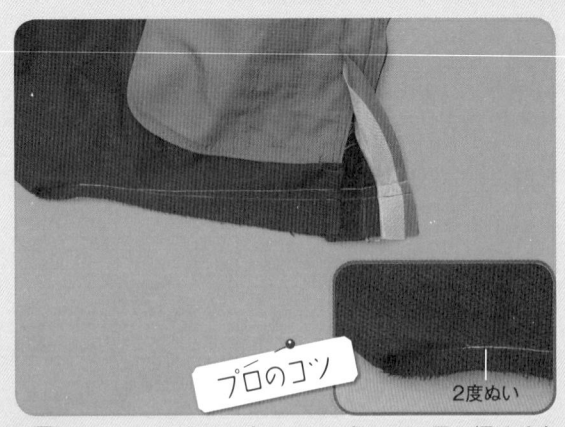

11 ウエストから股に向かってぬう。ぬい目の幅はせまくして二度ぬいする。

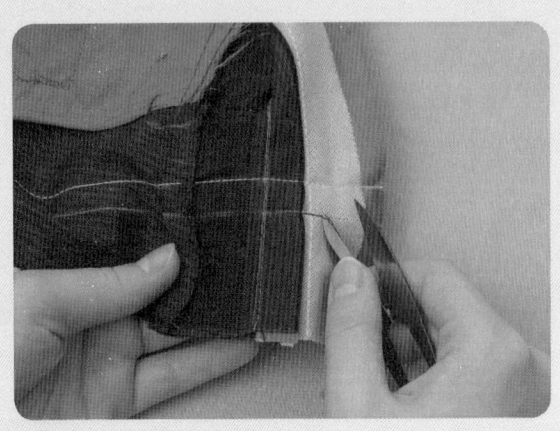

プロのコツ / 2度ぬい

12 元のぬい目をほどく。

13 アイロンをかけてぬい代を割り、生地を整える。プレスボールを使うときれいに仕上がる。

●腰裏をぬう

14 腰裏とぬい代を合わせてマチ針を打つ。

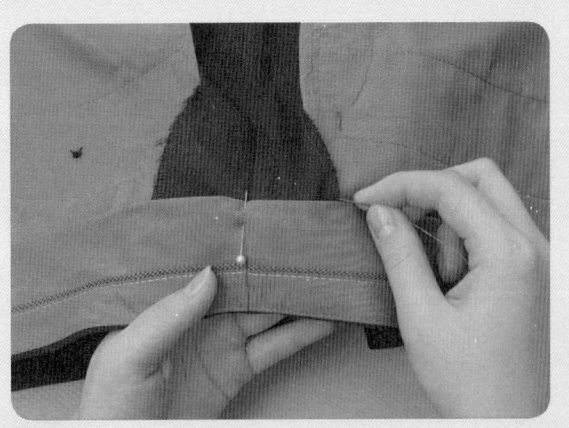

15 まつりぬいでまつる。

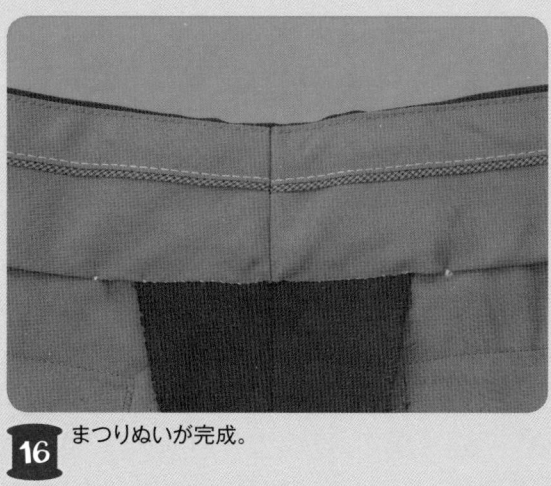

16 まつりぬいが完成。

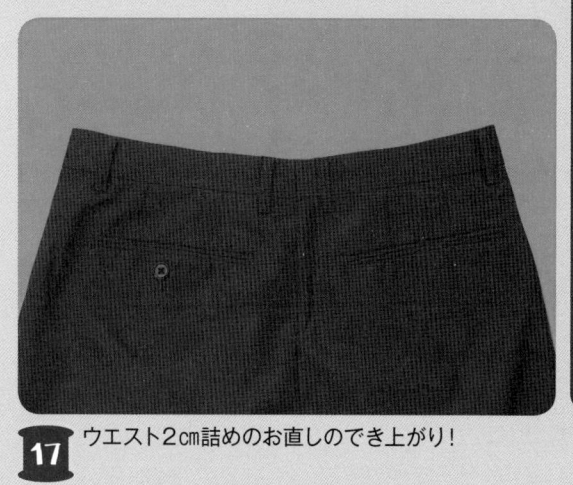

17 ウエスト2㎝詰めのお直しのでき上がり！

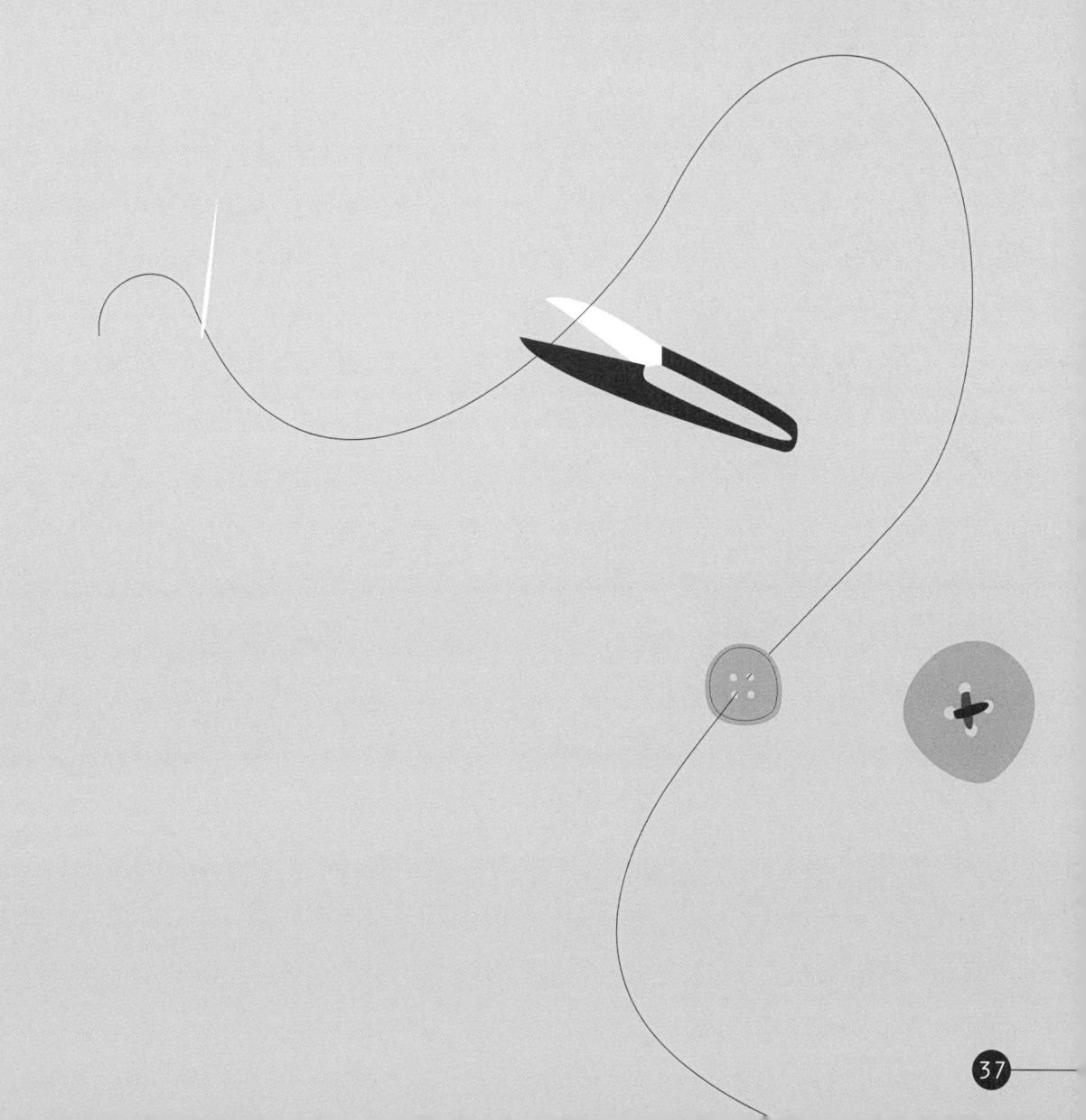

紳士ズボンのウエストを詰める

[サイズのお直し＊トップス1]

紳士シャツの身幅と袖幅を詰める

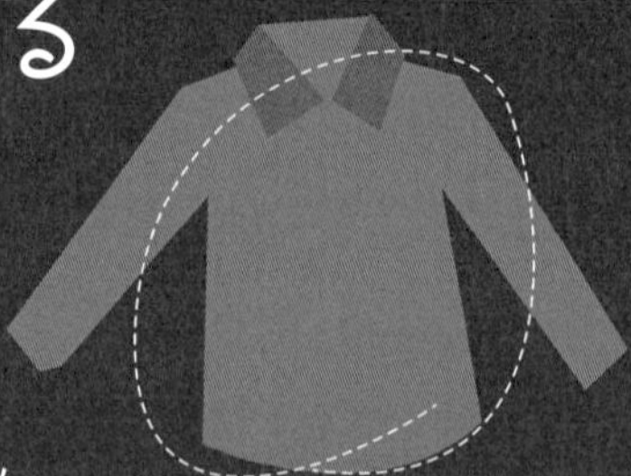

背広やジャケットの下に着るシャツは身幅や袖幅がぶかぶかだと、着心地もよくありません。着丈や袖の長さはそのまま、幅だけジャストサイズにサイズダウン！

お直しの流れ
1. 詰めたい幅を決める。
2. 幅を詰めて、ぬう。
3. 余分な幅をカットする。
4. 裁ち端を始末する。

応用できるもの
・婦人ブラウス、シャツ
・子どもブラウス、シャツ

※プロセスでは見えやすい糸を使用しています。実際は生地に合わせた糸を使用してください。

Start! ●詰めたい幅を決める

1 型紙用のシャツ（以下、型紙シャツ）を用意する。

2 シャツと型紙シャツを裏返しにして、型紙シャツを上にして背中合わせに置く。

3 襟の中心と袖つけ線、肩線を合わせてマチ針を打つ。

ワンポイント 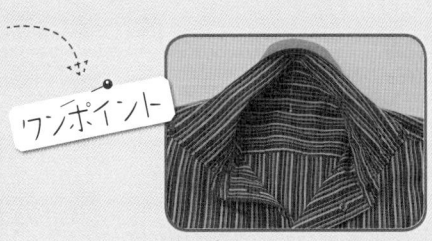
後ろ中心 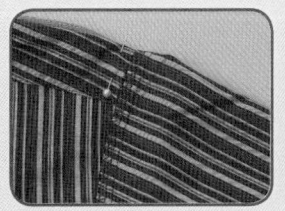
肩線 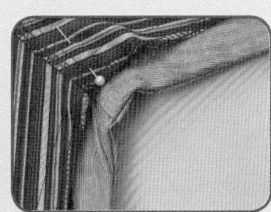
袖つけ線

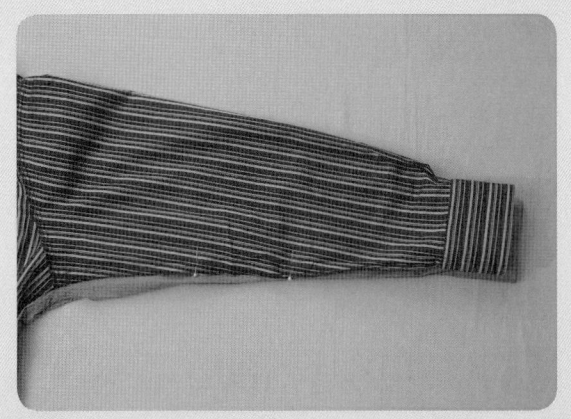

4 袖は、ひじから袖口にかけてシャツと型紙シャツが自然に重なるようにマチ針を打つ。

5 型紙シャツに沿ってでき上がり線を引く。

6 でき上がり線を引き終わったところ。

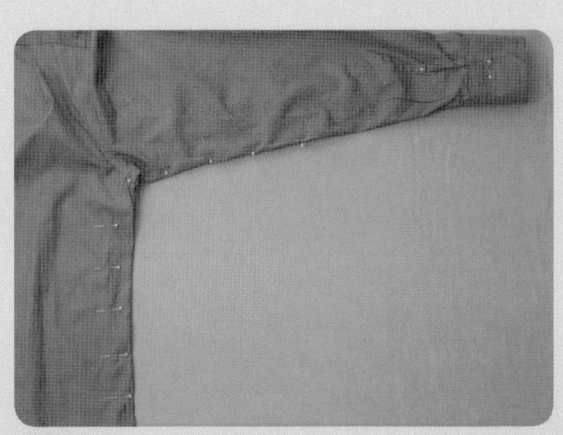

でき上がり線

7 前身頃と後ろ身頃がずれないようにマチ針を打ち、でき上がり線の少し内側にしつけをかける。

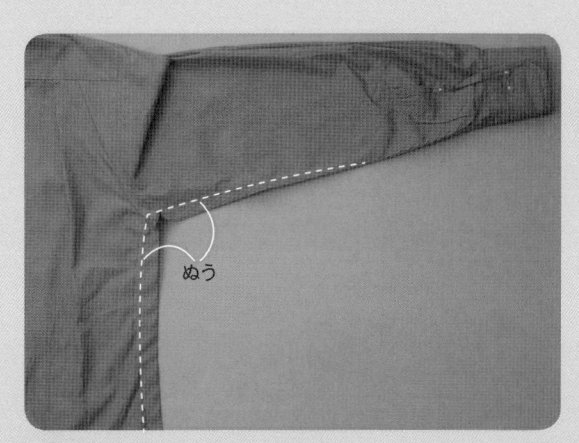

8 裾から脇、袖に向かってぬう。

ぬう

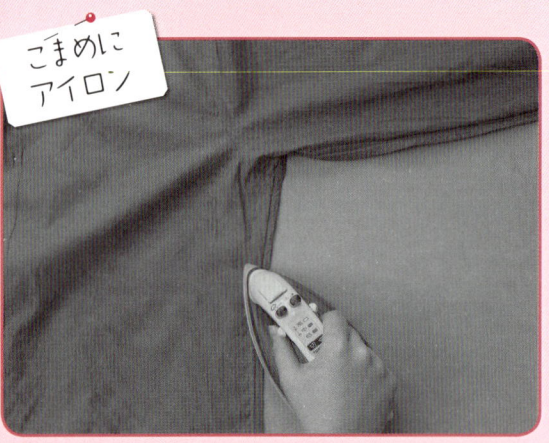

[サイズのお直し＊トップス1]

こまめに
アイロン

●余分な幅をカット

9 アイロンをかけて生地を整える。

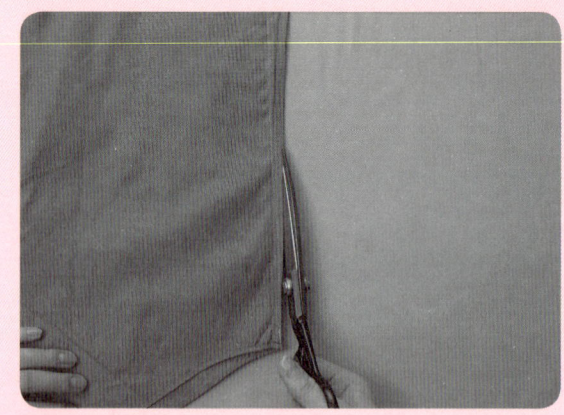

10 裁ち切り線で余分な幅をカット。

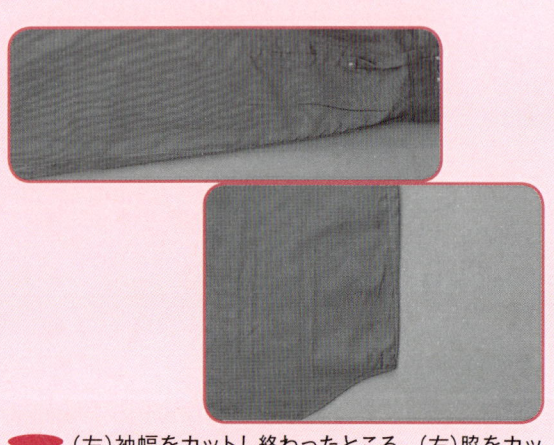

●裁ち端の始末

ジグザグミシン

11 （左）袖幅をカットし終わったところ。（右）脇をカットし終わったところ。

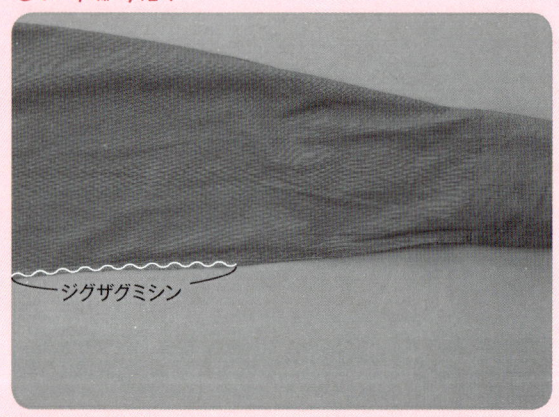

12 前身頃と後ろ身頃のぬい代を合わせて、裁ち端にジグザグミシンをかける。

13 身幅＆袖幅詰めのお直しのでき上がり！

紳士ズボンの裾上げ

[サイズのお直し＊トップス2]

ブラウスの身幅を詰める

プレーンなデザインのブラウスは詰め幅分のダーツを取って、身幅をサイズダウンできます。サイズのお直しプラス、ちょこっとリメイクもできて、一石二鳥！

お直しの流れ
1. 詰めたい幅を決めて、ダーツの位置を決める。
2. 後ろ身頃のダーツをぬう。
3. 前身頃のダーツをぬう。

応用できるもの
・婦人ブラウス、シャツ
・子どもブラウス、シャツ

※プロセスでは見えやすい糸を使用しています。実際は生地に合わせた糸を使用してください。

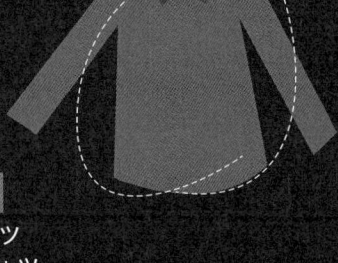

Start! ●詰めたい幅とダーツの位置を決める

前身頃 / 後ろ身頃
ウエストから5cm上 / 1.5cm / 5cm

1 試着して詰めたい幅を決め、前身頃と後ろ身頃のダーツの位置を決める。サンプルは前後身頃でそれぞれ6cmにする。

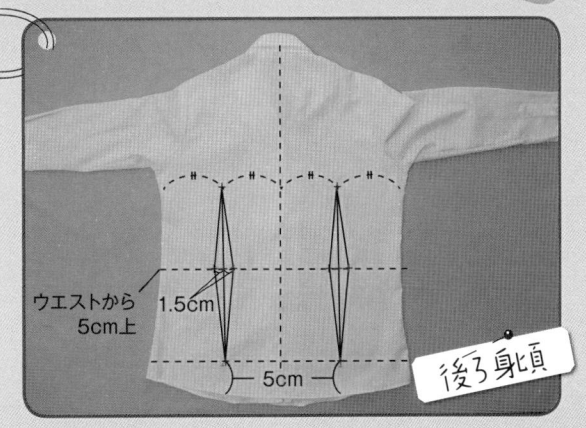

●後ろ身頃のダーツをぬう

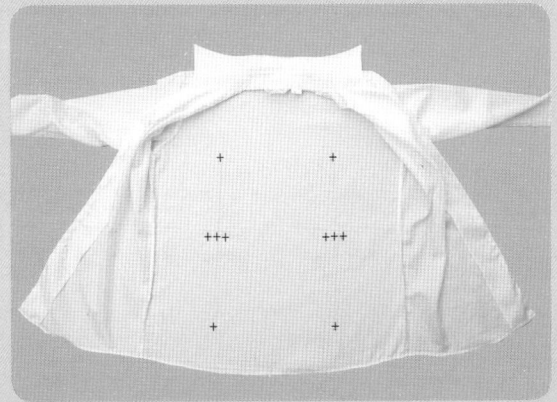

2 後ろ身頃の裏側にダーツの印をつける。

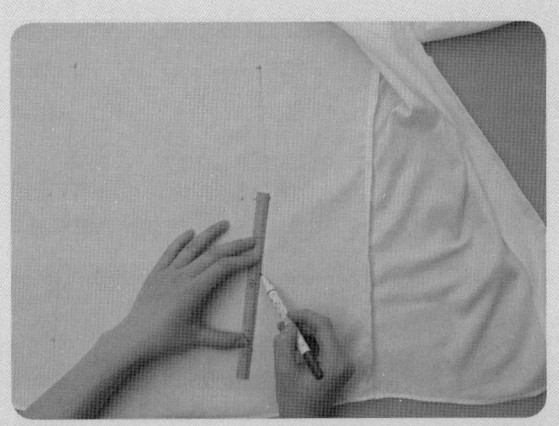

3 センターの印をつないで、ダーツの中心線を引く。

41

[サイズのお直し*トップス 2]

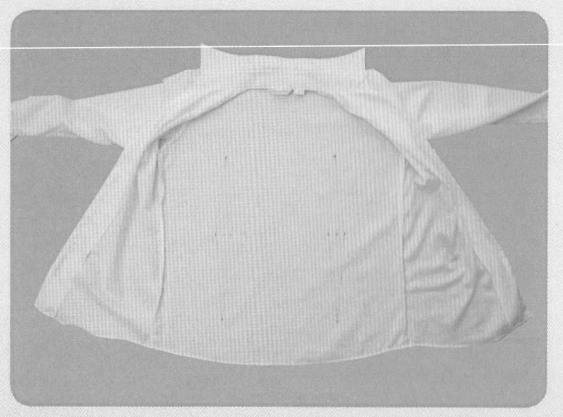

4 センターと左右の印をつないで、ぬい線を引く。ひし形のぬい線になる。

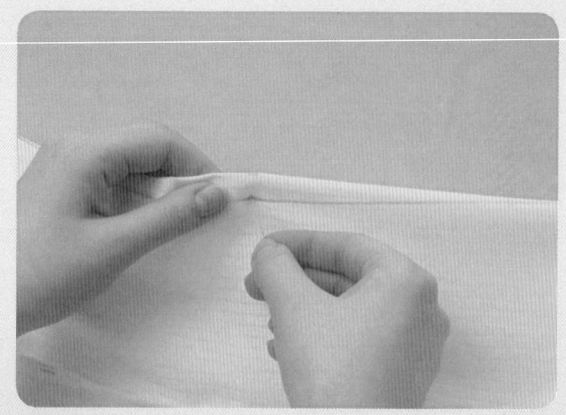

5 ③の中心線を折り、④のぬい線を合わせてダーツのセンターにマチ針を打つ。

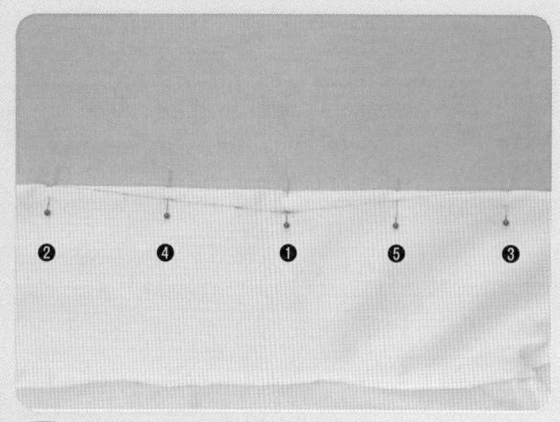

6 等間隔で残りのマチ針を打つ。

7 ぬい線をぬう。

8 ダーツを内側に倒してアイロンで押さえる。

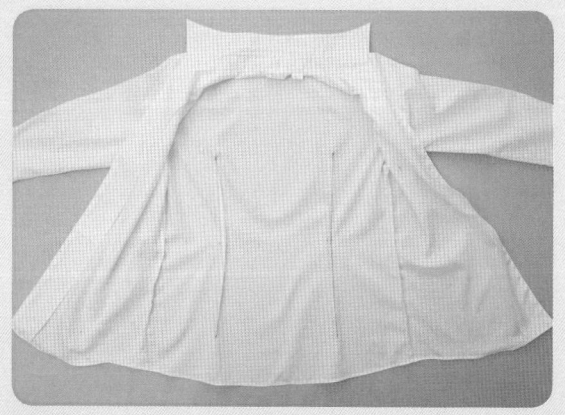

9 反対側のダーツも同様にぬう。後ろ身頃のダーツが完成。

42

●前身頃のダーツをぬう

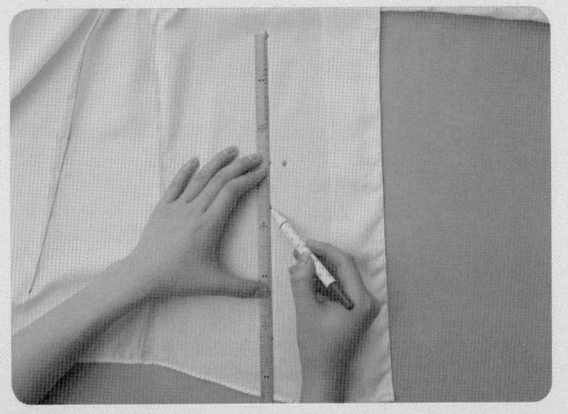

10 ③と同様にダーツの印をつけて、中心線を引く。

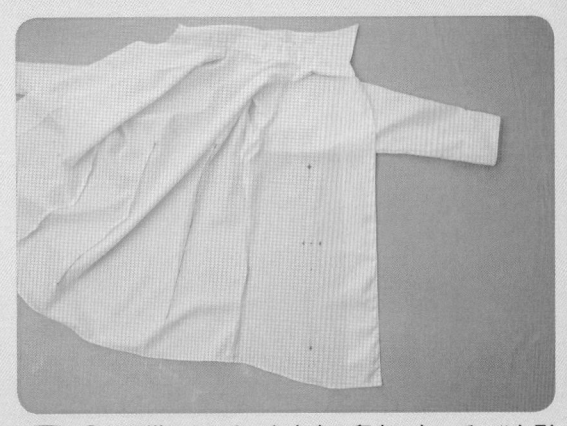

11 ④と同様にセンターと左右の印をつないで、ひし形のぬい線をひく。

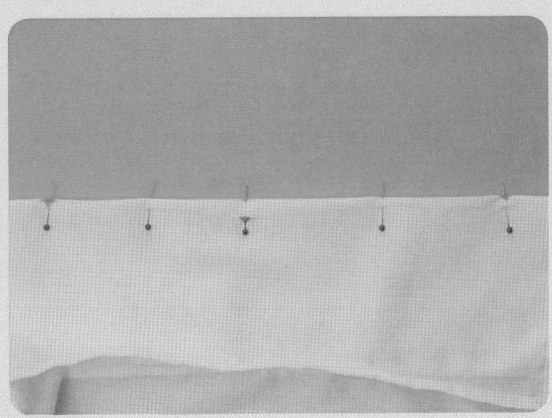

12 ⑤〜⑥と同様に中心線とぬい線を合わせてマチ針を打つ。

13 ⑦〜⑨と同様にぬい線をぬい、アイロンをかける。反対側も同様にぬう。

14 身幅12cm詰めのお直しのでき上がり！

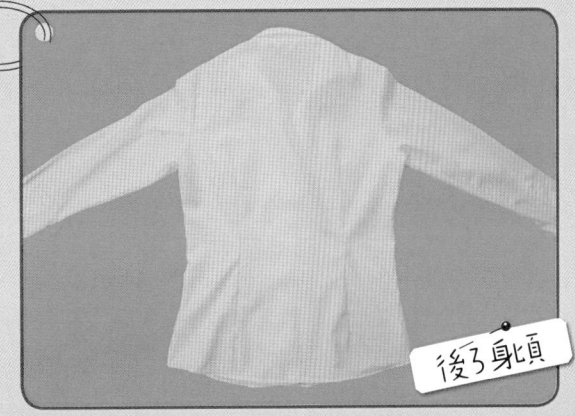

前身頃

後ろ身頃

ブラウスの身幅を詰める

[サイズのお直し＊トップス 3]

Tシャツをサイズダウンする

シンプルなTシャツほど、"ジャストMyサイズ"にこだわりたいもの。
MyサイズのTシャツを型紙かわりにすれば、着る人の採寸も
必要なし。お気に入りのTシャツをどんどん増やしてください！

お直しの流れ
1. 詰めたい幅を決める。
2. 幅を詰めて、ぬう。
3. 余分な幅をカットする。
4. 裁ち端を始末する。

応用できるもの
・長袖Tシャツ
・カットソー全般

※プロセスでは見えやすい糸を使用しています。
実際は生地に合わせた糸を使用してください。

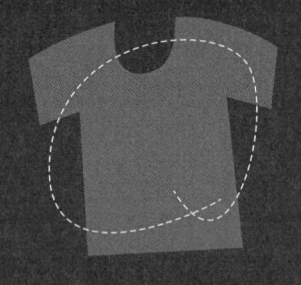

Start! ●詰めたい幅を決める

1 型紙用のTシャツ(以下、型紙Tシャツ)を用意する。

2 Tシャツと型紙Tシャツを裏返しにして、型紙Tシャツを上にして背中合わせに置く。襟の中心と肩線を合わせてマチ針を打つ。

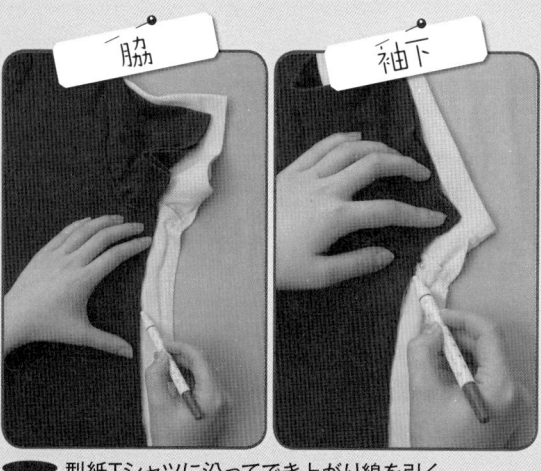

脇 / 袖下

3 型紙Tシャツに沿ってでき上がり線を引く。

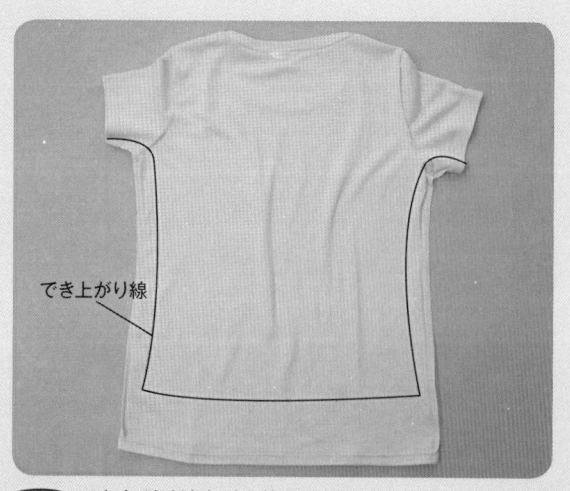

でき上がり線

4 でき上がり線を引き終わったところ。

44

● 幅を詰めて、ぬう

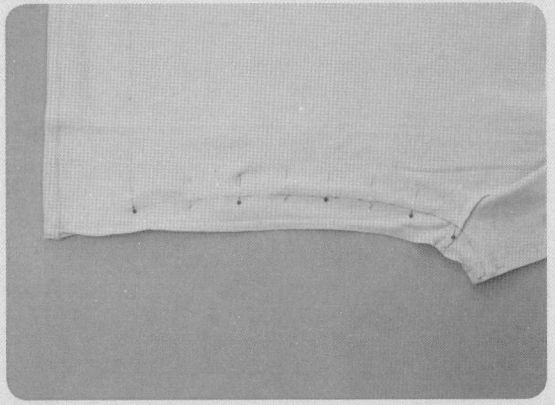

5 前身頃と後ろ身頃がずれないようにマチ針を打ち、でき上がり線の少し内側にしつけをかける。

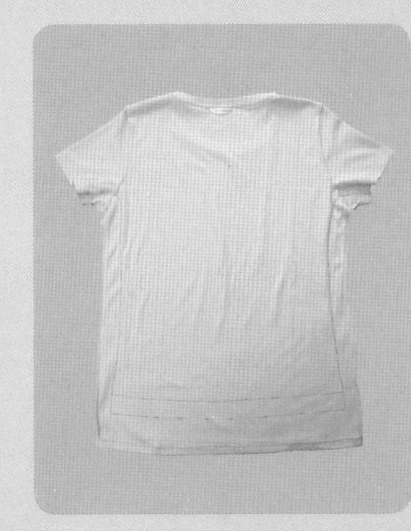

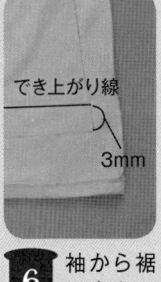

6 袖から裾に向かってぬう。裾はでき上がり線から3㎝長くぬう。両脇のぬいどまりをつないで線を引く。

でき上がり線
3mm

● 余分な幅をカット

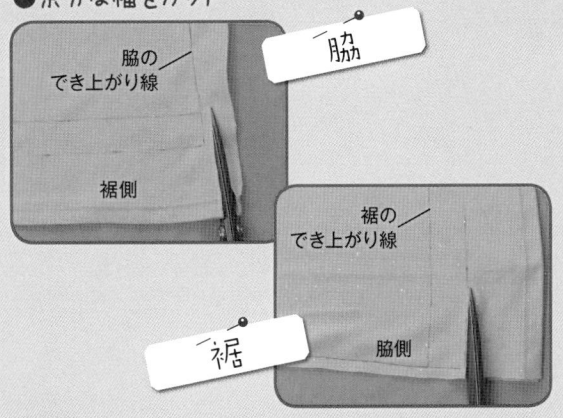

脇のでき上がり線
裾側
脇カカ

裾のでき上がり線
脇側
裾側

7 裁ち端の始末分を少し残して、余分な幅をカット。

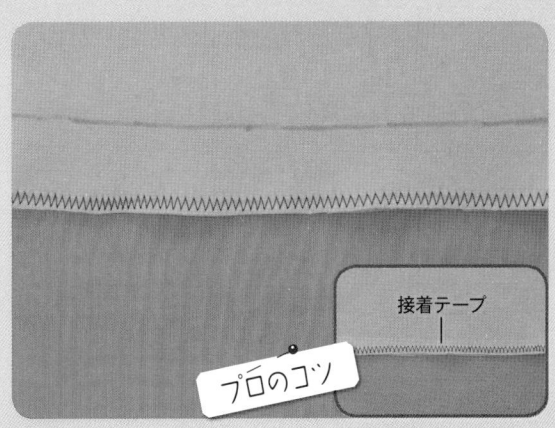

8 裁ち端にジグザグミシンをかける。接着テープを貼ってぬうと、ぬいやすく伸び止めにもなる。

接着テープ
プロのコツ

● 裁ち端の始末

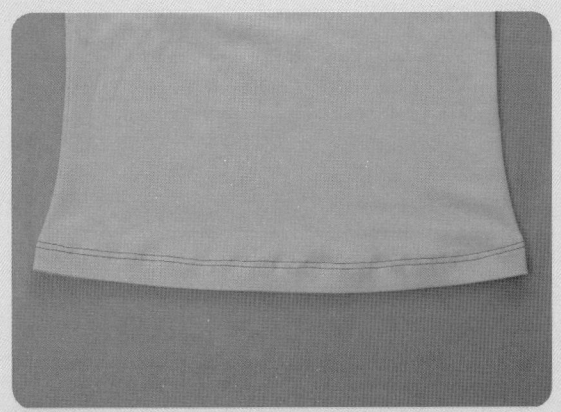

9 表に返し、裾をでき上がり線で裏側に折る。生地端から5㎜と1㎝のところに裏側からステッチをかける。

10 サイズダウンのお直しのでき上がり！

45

[サイズのお直し＊トップス4]

袖丈を詰める

背広やジャケットの袖口からのぞくシャツの袖が出すぎていたら、ちょっとやぼったいもの。わずか1〜2cm詰めるだけで、着姿もすっきり見えます。小さなサイズ直しだから作業もシンプルです。

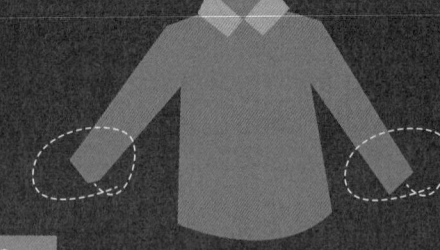

お直しの流れ
1. 詰めたい幅を決める。
2. カフスをはずす。
3. 余分な幅をカット。
4. カフスをつける。

応用できるもの
・剣ボロのボタン下が5cm以上ある袖のシャツ

※プロセスでは見えやすい糸を使用しています。実際は生地に合わせた糸を使用してください。

Start! ●詰めたい幅を決める

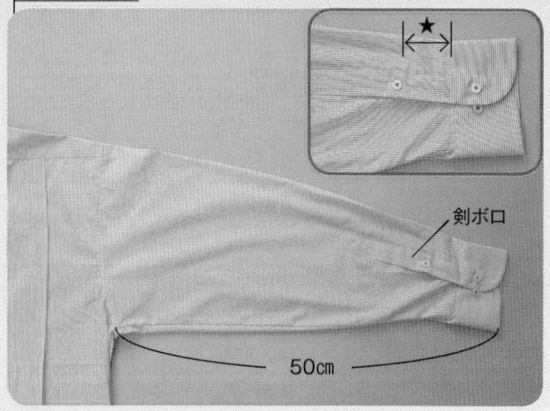

1 剣ボロのボタン下（★）の長さを確認して、ボタン下が最低3cm残るようにして詰める幅を決める。サンプルは2cmにする。

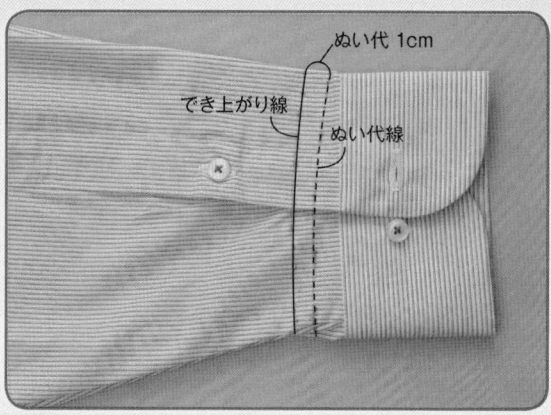

2 カフス下から2cmのところにでき上がり線の印をつけて、つないで線を引く。でき上がり線から1cmのところにぬい代線を引く。

●カフスをはずす

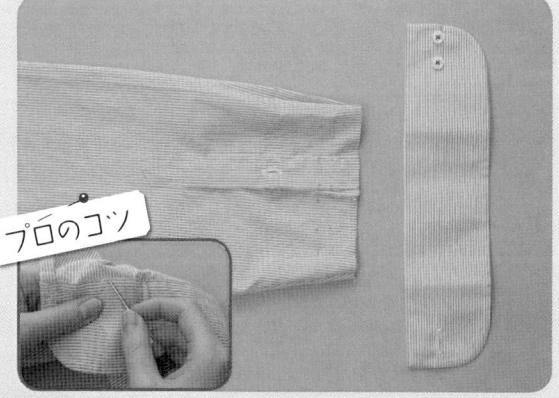

3 カフスを袖からはずす。袖口の裏側から目打ちを使って、ほどく。

●余分な長さをカット

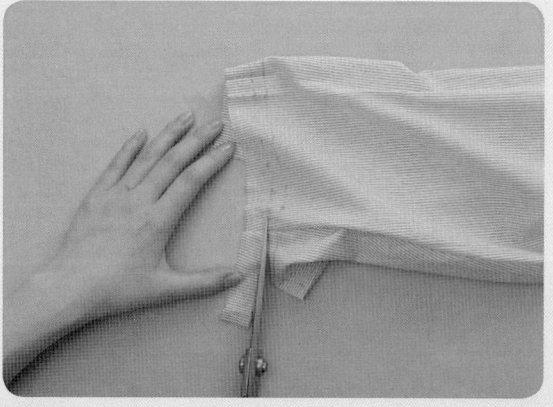

4 袖口を広げて、ぬい代線で余分な幅をカット。

● カフスをつける

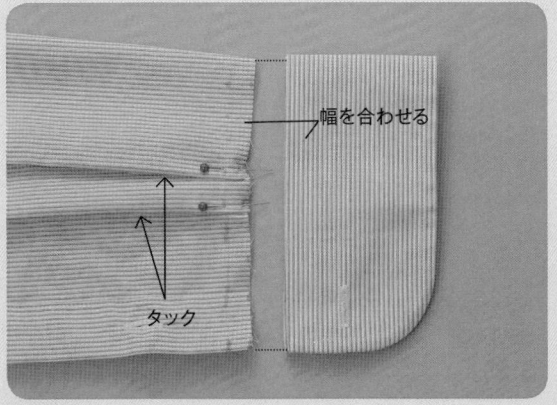

5 広くなった袖口はカフスの幅に合わせてタックを調整し、マチ針を打つ。

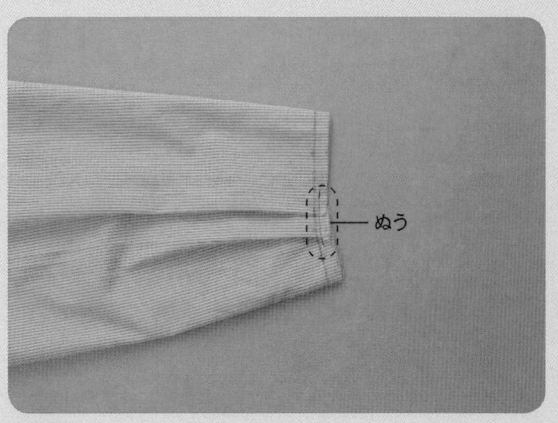

6 タック部分をぬう。

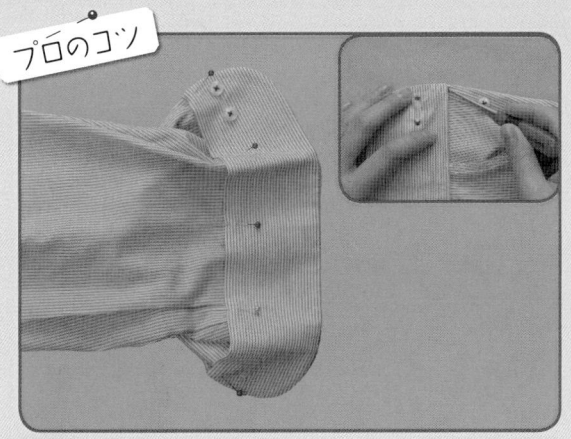

プロのコツ

7 袖のでき上がり線とカフスの生地端が直線になるように重ねて、マチ針を打つ。角は目打ちで丁寧に押し込む。

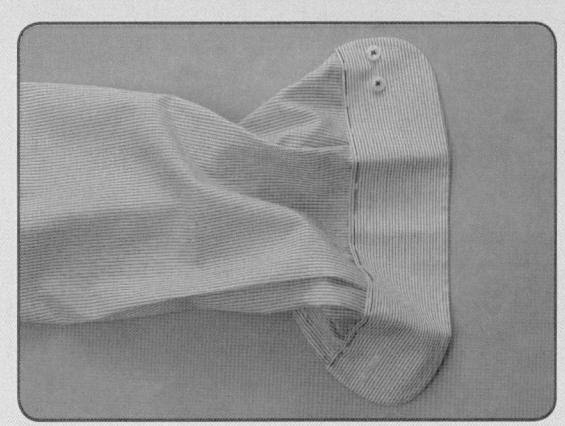

8 カフスの生地端から少し内側にしつけをかける。

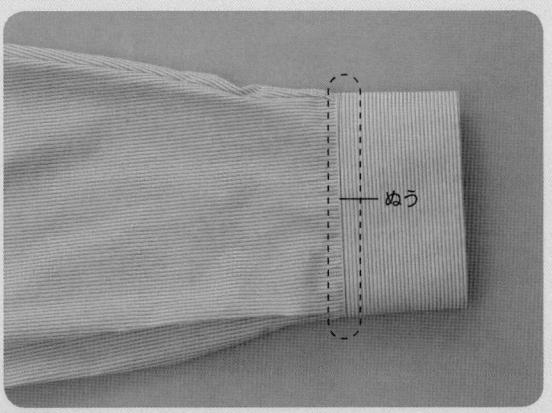

9 カフスの元のぬい目の上からぬう。

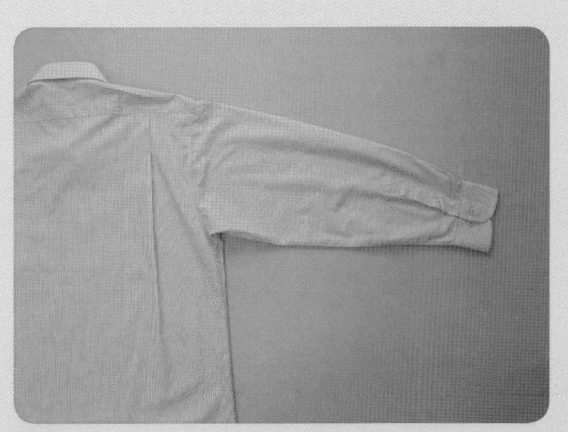

10 袖丈2cm詰めのお直しのでき上がり！

[ダメージ修復 1]

袖口のすり切れを隠す

時計のベルトで左袖の袖口だけすり切れたワイシャツは、カフスをはずしてすり切れ部分を上手に隠してしまいましょう。
数mm分カフスが短くなりますが、見た目はまったくわかりません！

お直しの流れ
1. カフスをはずす。
2. すり切れを隠す。
3. カフスをつける。

before

after

※プロセスでは見えやすい糸を使用しています。実際は生地に合わせた糸を使用してください。

Start! ●カフスをはずす

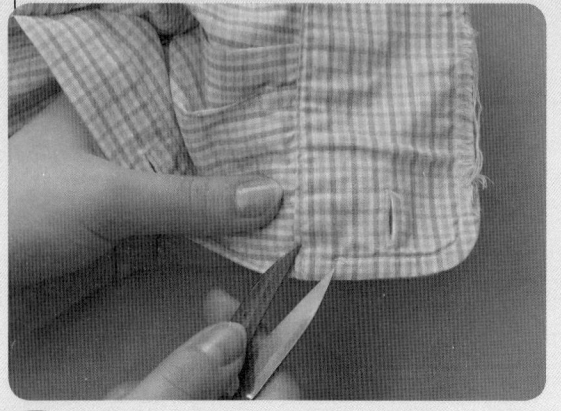

1 すり切れているカフスを袖口からはずす。

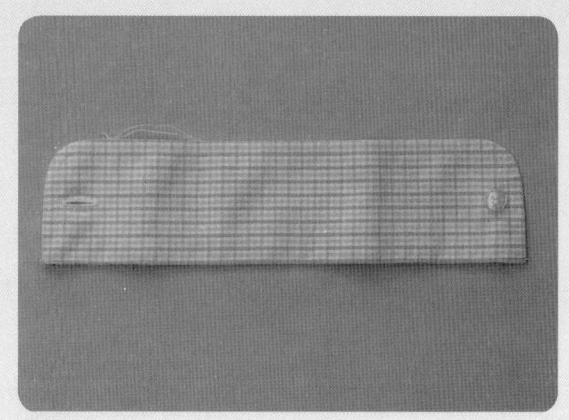

2 カフスをはずし終わったところ

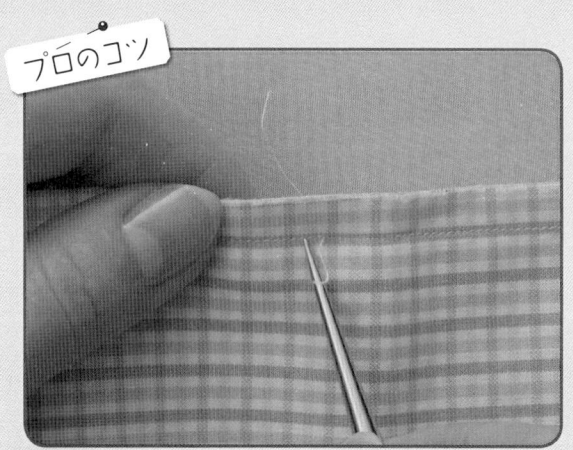

プロのコツ

3 カフスの端のステッチをほどく。目打ちを使って、カフスの中央からほどくとほどきやすい。

プロのコツ

4 裏返しにしてアイロンをかけ、生地を整える。角は目打ちできれいに押し出すこと。

● すり切れを隠す

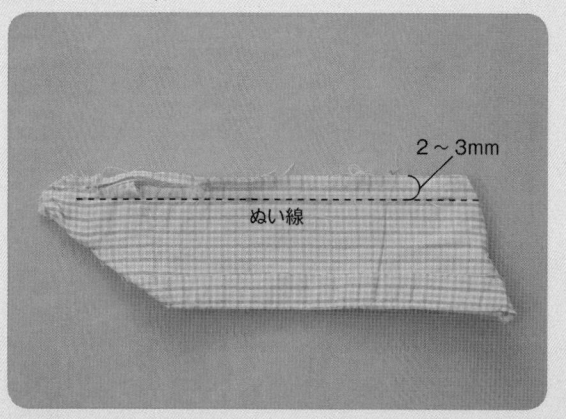

2〜3mm
ぬい線

5 すり切れの2〜3mm下、ボタンとボタンホールの手前までぬい線を引く。

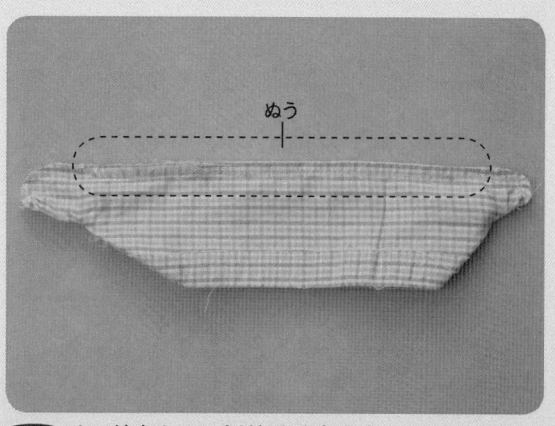

ぬう

6 ぬい線をぬい、すり切れた部分をカットする。

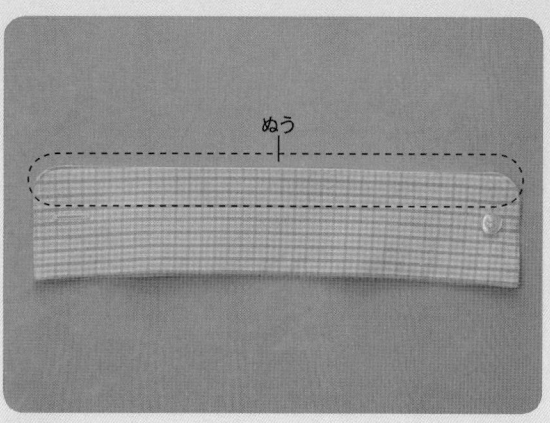

ぬう

7 表に返して、端から5mmのところに端ミシンをかける。

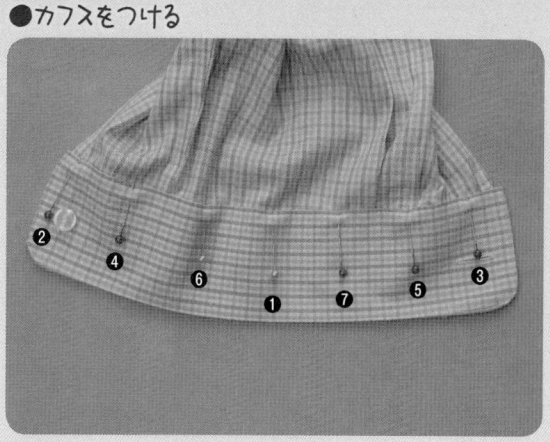

● カフスをつける

8 袖口とカフスを7mm重ねてマチ針を打ち、元のぬい目通りにぬう。

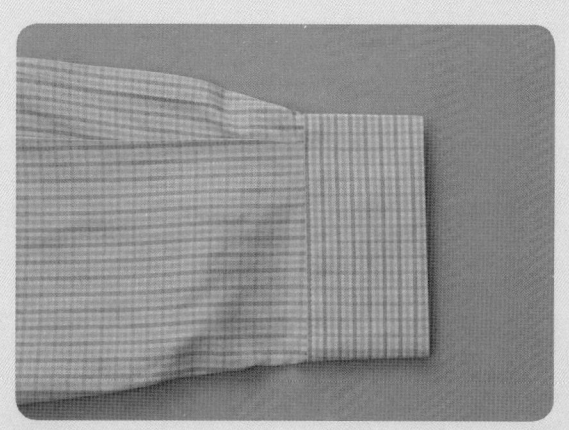

9 袖口のすり切れを隠すお直しのでき上がり！

[ダメージ修復2]

ポケット口のすり切れを隠す

ワイシャツの袖のすり切れと同じように、すり切れ部分を内側に折りこんで、隠してしまいます。ほどく箇所がちょっと多くても、びびらずに。始めてみると、手をかけるところはあっさり少なめです。

お直しの流れ
1. ウエスト部分をはずす。
2. ポケット口をほどく。
3. すり切れを隠す。
4. ウエスト部分をぬう。

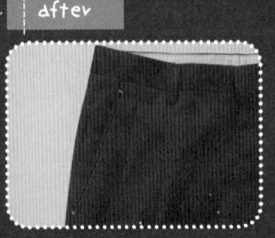

before → after

※プロセスでは見えやすい糸を使用しています。実際は生地に合わせた糸を使用してください。

Start! ●ウエスト部分をはずす

1 表側のかんぬき止めの糸を切る。

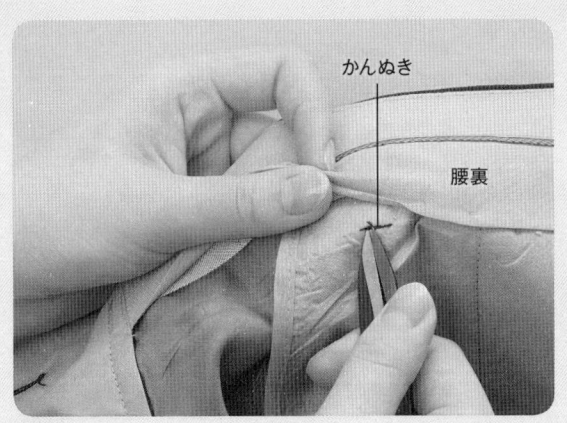

2 腰裏をほどき、裏側のかんぬき止めの糸を切る。

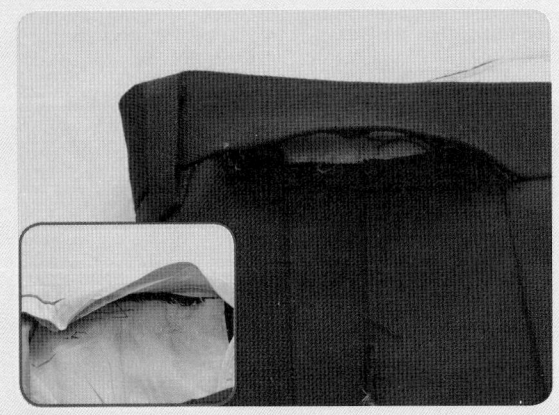

かんぬき
腰裏

3 はずし終わったところ。

●ポケット口をほどく

見返し

4 ポケット口のステッチをほどく。

50

●すり切れを隠す

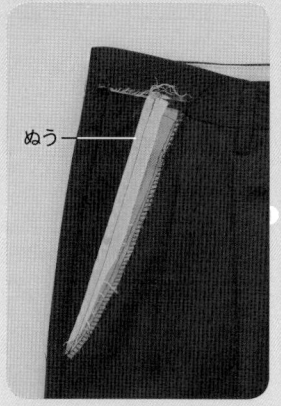

5 見返しを外側に折り、すり切れの内側にミシンをかける。アイロンをかけてぬい代を割る。

6 見返しを折り、アイロンをかけて折り目を押さえる。

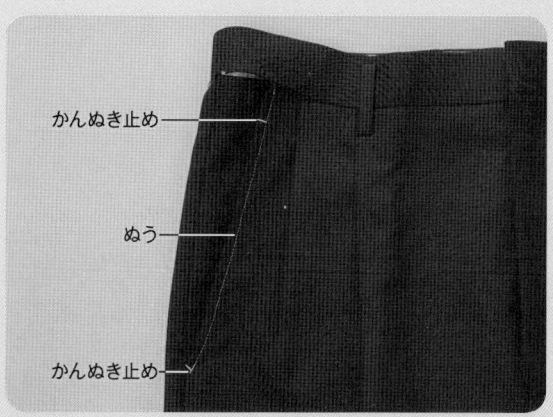

7 ポケット口から5mmのところにステッチをかけて、上下にかんぬき止めをする。

●ウエスト部分をぬう

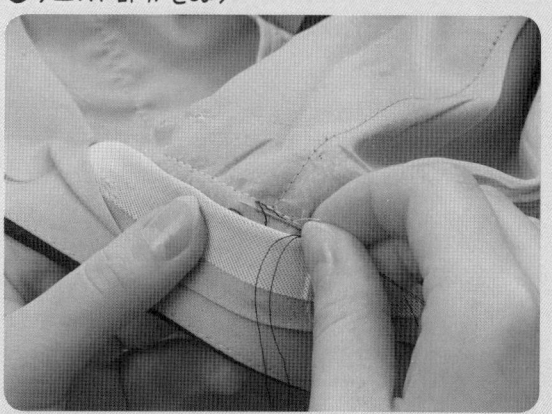

8 腰裏芯とベルト帯をまつりぬいでまつる。

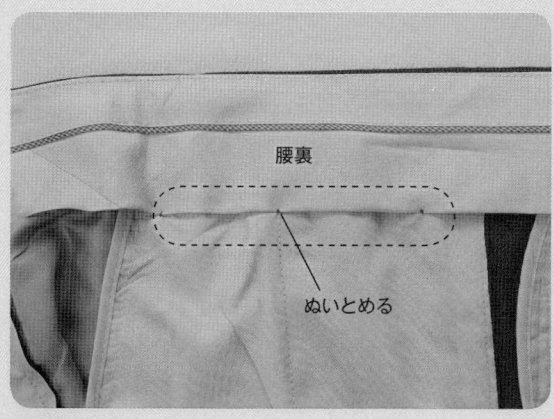

9 腰裏をまつりぬいでまつる。

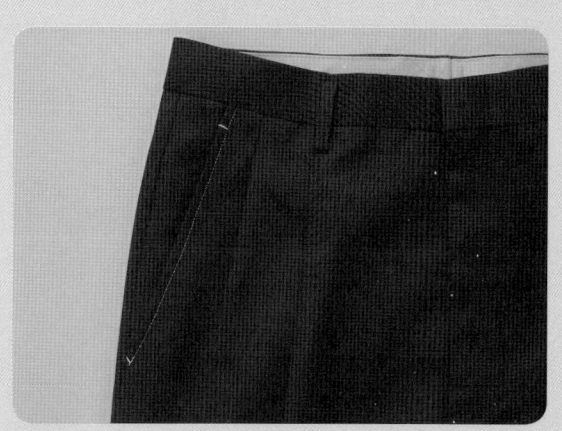

10 ポケット口のすり切れを隠すお直しのでき上がり！

ポケット口のほつれ

[ダメージ修復3]

ファスナー交換

ファスナーの歯が樹脂でできたエフロンファスナーは、家庭用ミシンでも手軽にぬえるし、長さもお好みでカットできるので、使い勝手よし！スカートもトップスも交換のしかたは同じです。

お直しの流れ
1. ウエストベルトをはずす。
2. ファスナーをはずす。
3. 交換用のファスナーを用意する。
4. ファスナーをつける。

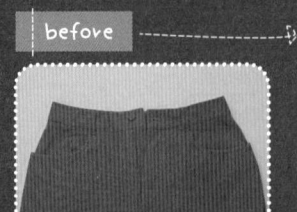

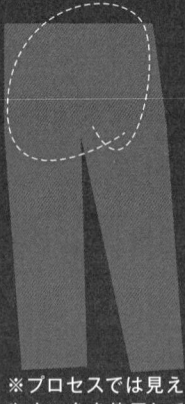

before → after

※プロセスでは見えやすい糸を使用しています。実際は生地に合わせた糸を使用してください。

Start! ●ウエストベルトをはずす

プロのコツ

1 ファスナーの上前と下前の位置に印をつける。

2 下前の持ち出しをはずす。ぬい目が細かくきついのでリッパーを使うと便利。

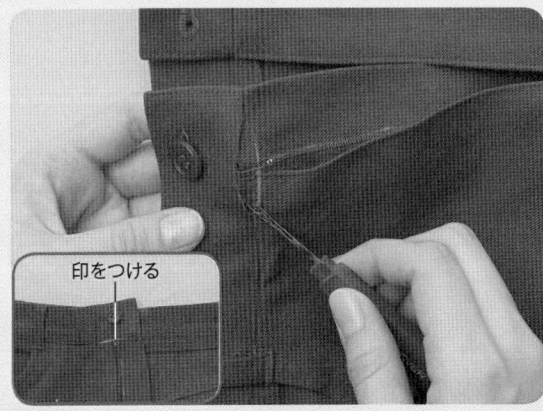

印をつける

3 下前のウエストベルトの位置に印をつけ、ウエストベルトをはずす。

持ち出し

4 持ち出しをはずし終わったところ。

●ファスナーをはずす

5 下前のファスナーをはずす。

6 下前のファスナーをはずし終わったところ。

プロのコツ

かんぬき止め

7 かんぬき止めを切る。ぬい目がきついので、はさみの刃先で生地を切らないように注意。

ウエストベルト

8 上前のウエストベルトをはずす。

9 上前のファスナーをはずす。

[ダメージ修復 3]

● 交換用のファスナーを用意

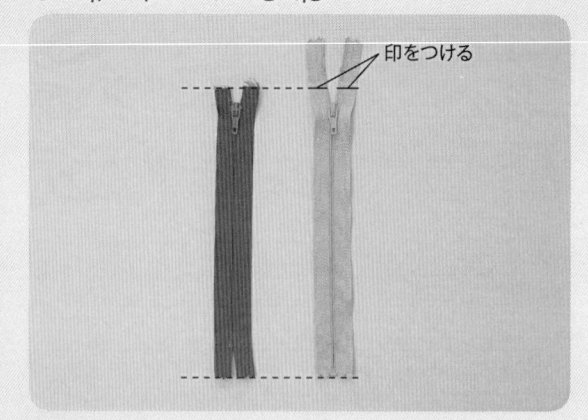

持ち出し

印をつける

10 上前のファスナーをはずし終わったところ。

11 交換するファスナーを用意。長さが違う場合は元のファスナーの長さにカットする。

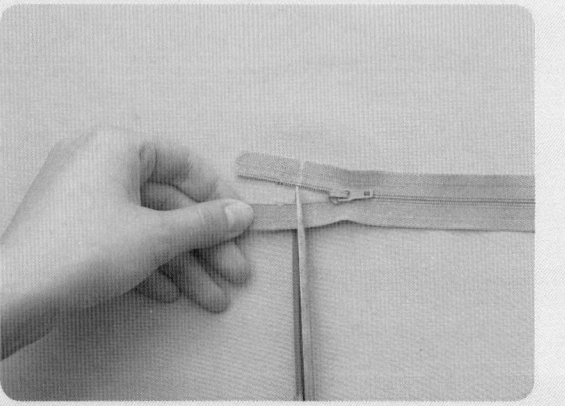

● ファスナーをつける

12 余分な長さをカット。

13 下前のファスナーを①でつけた印に合わせて置き、マチ針を打つ。

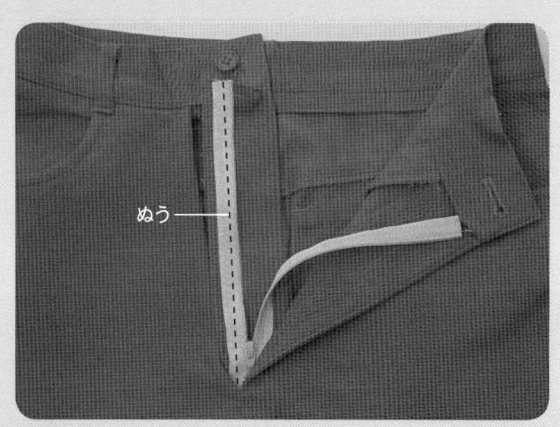

ぬう

14 しつけをかけて、ファスナーの生地端から2〜3mmのところをぬう。

15 持ち出しにズボン本体を重ねて、マチ針を打つ。

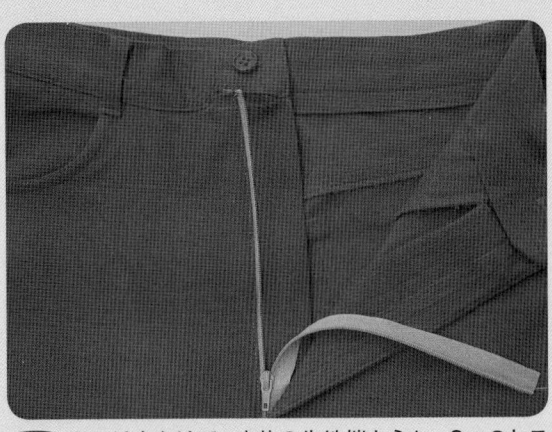

16 しつけをかけて、本体の生地端から1〜2mmのところをぬう。

17 ⑬〜⑯と同様に上前のファスナーをつける。

18 ウエストベルトを③でつけた印に合わせてぬう。

19 ファスナー交換のでき上がり！

ファスナー交換

[ダメージ修復 4]

ニットの袖口のほつれを直す

セーターやカーディガンなど、ニットの袖口のお直しは針と糸ではなく、
ししゅう糸とかぎ針で！
色が豊富で毛糸になじむししゅう糸で
袖口をこま編みします。

before　after

材料と用具

・ニットの色と同色か、似た色のししゅう糸
　ほつれた幅×3倍。本数は適宜（毛糸と同じ太さにする）
・使用するししゅう糸の太さ（本数）に適したかぎ針

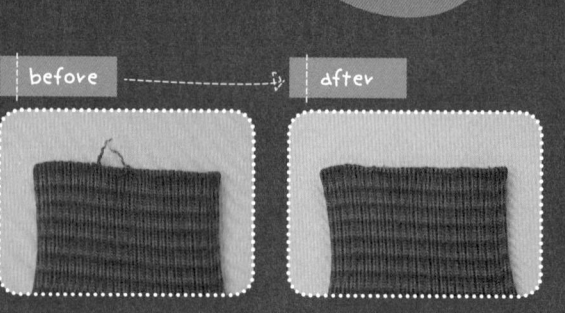

Start!　プロのコツ

1 毛糸と同じ太さになるようにししゅう糸を取り、アイロンをかける。

2 糸端を約10cm残してほつれた部分の1cm手前から編む。

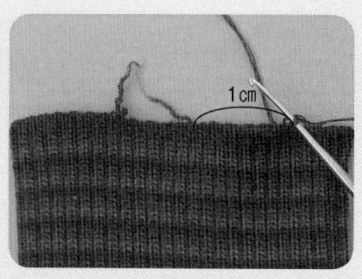

3 こま編みで編んでいく。

4 ほつれた毛糸をかぎ針にかけて、一緒に編みこむ。

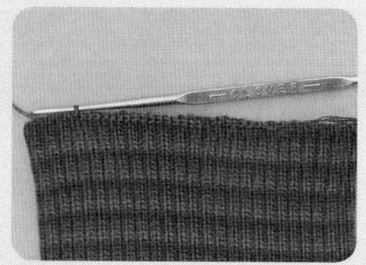

5 ほつれた部分の終わりまで編む。

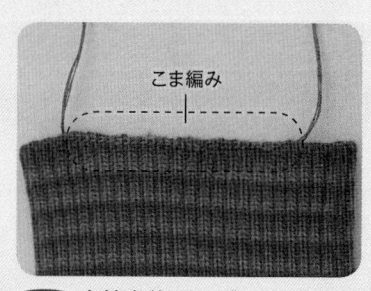

6 糸端を約10cm残して、ししゅう糸をカット。

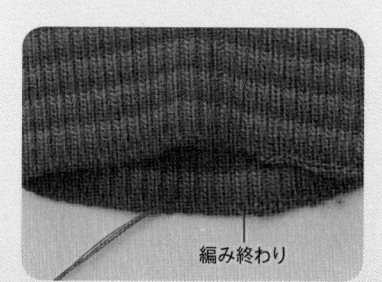

7 糸端を2〜3cm編み目にくぐらせて、余分な糸端をカット。

8 7と同様にぬい始めの糸もカット。でき上がり！

[ダメージ修復5]

ニットの襟ぐりのほつれを直す

脱ぎ着のときに引っかけたりして、
ほつれてしまった襟ぐりのお直しにもししゅう糸が大活躍!
毛糸なので、そんなにぬい目は目立ちません。
ご安心を!

材料と用具

- ニットの色と同色か、似た色のししゅう糸
  長さと本数は適宜(毛糸と同じ太さにする)
- 使用するししゅう糸の太さ(本数)に適した手ぬい針

before　after

Start!　プロのコツ

1 毛糸と同じ太さになるようにししゅう糸を取り、アイロンをかける。

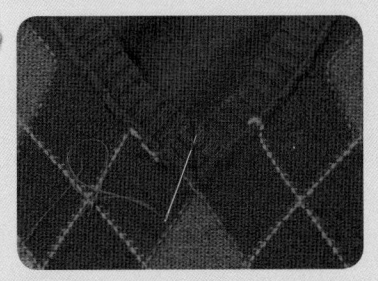

2 ニットを裏返し、ほつれた部分の少し手前に針をさす。

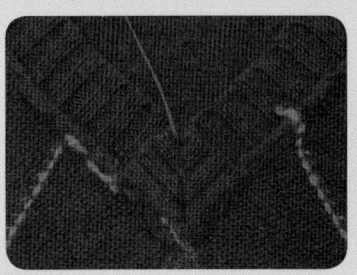

3 ほつれた部分を1目ずつぬいとじていく。

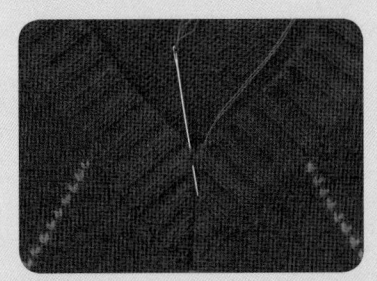

4 ③と同様に表側もぬいとじる。

5 裏側で玉結び。糸端を2〜3cm編み目にくぐらせる。

6 余分な糸端をカット。

7 でき上がり!

デザインリメイクで
お直し

伸びた襟ぐり、短くなった子ども服の袖や色あせた袖は、思い切ってカット。
サイズやダメージのお直しは、デザインリメイクでお直しすることもおすすめです。

襟ぐりのすり切れを隠す （P6・下段）

使用アイテム
・台襟付きの紳士シャツ

材料と用具
・特になし

プロセス
1. 上襟を台襟からはずす（図1）。
2. 台襟の生地端の糸をはさみでカットして、きれいに取りのぞく。
3. 台襟を重ね合わせる。生地端から1mmと6mmのところにステッチをかけて、Wステッチ仕上げにする（図2）。
4. でき上がり！

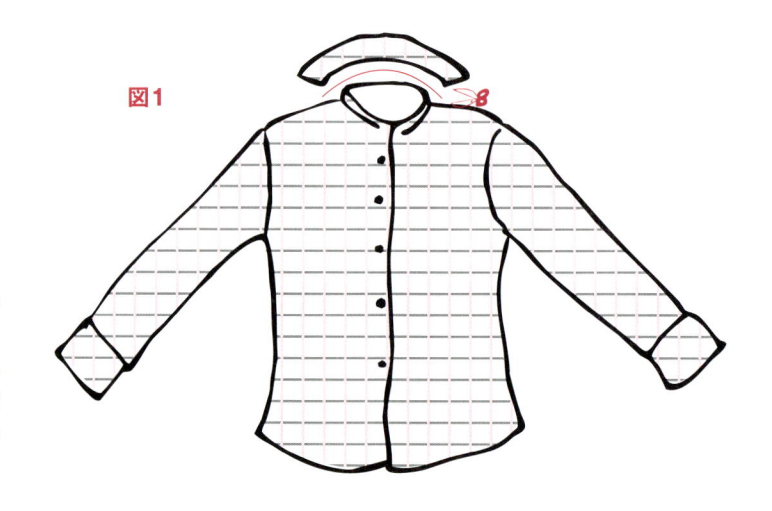

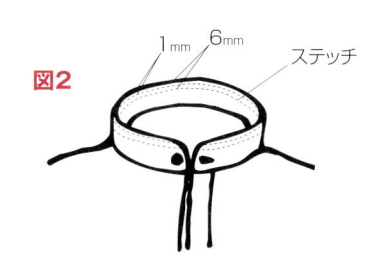

図1

図2　1mm　6mm　ステッチ

長袖を半袖にする （P8・下段）

使用アイテム
・婦人シャツ(M)

材料と用具
・特になし

プロセス

1. 肩山から15cmのところで左右の袖をカット(図1)。袖口から1cmのところにでき上がり線を引く。
2. カットした袖の残布で袖口の切りかえ布を2枚作る(図2)。
3. シャツを裏返しにして、左右の袖底を4cmほどく(図3)。
4. 裏返しのまま、袖口に切りかえ布を重ねてマチ針を打ってしつけをかけ、ぬい代1cmのところをぬう(図3)。
5. 表に返して、切りかえ布を袖口に下ろす。でき上がり線で折り上げてアイロンで押さえ、反対側もでき上がり線で折ってアイロンで押さえる(図4)。
6. 切りかえ布の袖口から2mm、生地端から2mmのところにステッチ(図5)。
7. 裏返しにして、袖底にジグザグミシンをかける。
8. 表に返して、袖底を身頃側に倒してステッチをかける。もう片方の袖も同様にぬう。
9. でき上がり！

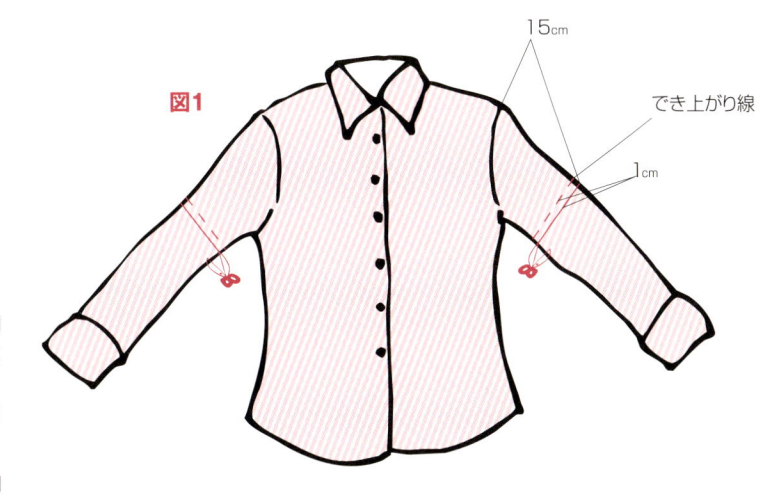

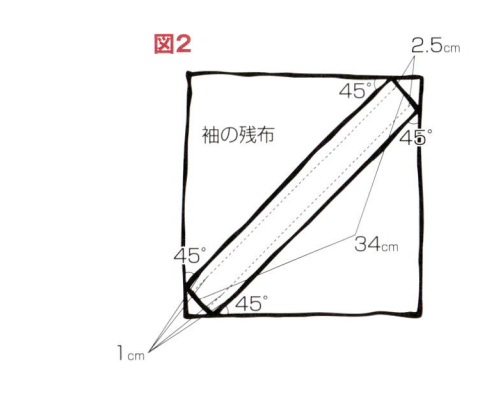

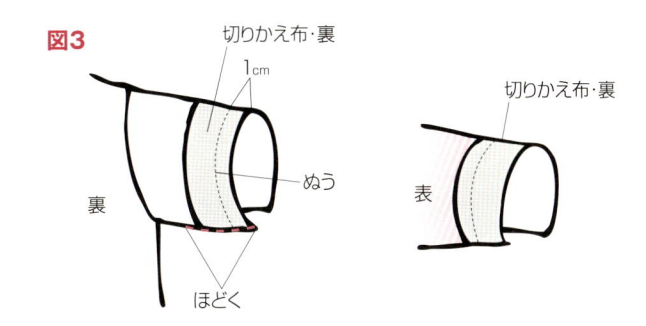

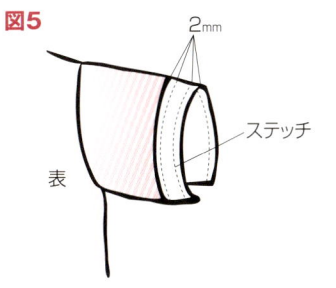

図1　15cm　でき上がり線　1cm

図2　袖の残布　2.5cm　45°　45°　34cm　45°　45°　1cm

図3　切りかえ布・裏　1cm　ぬう　裏　ほどく　切りかえ布・裏　表

図4　折る　折る

図5　2mm　ステッチ　表

伸びた襟ぐりを隠す （P10・上段）

使用アイテム
・子ども用長袖Tシャツ(100cm)

材料と用具
・ふちどり用ニットバイヤステープ1.1cm幅×83cm

プロセス

1 襟ぐりの伸びたところをカット（図1）。
2 襟ぐりの長さを測り、ニットバイヤステープ（以下、バイヤステープ）をカット。サンプルは52cmになる。左肩線の後ろ身頃側2cmのところから、バイヤステープで襟ぐりをくるむ。バイヤステープの両端を2cm残しておく。
3 バイヤステープをアイロンで押さえる。生地端から3mmのところにステッチ（図2）。
4 ぬい終わりは残しておいた両端2cmを重ねてぬい、アイロンでぬい代を割ってから、ステッチ（図3）。
5 リボンを作る。残りのバイヤステープ（サンプルは31cm）の生地端から1mmのところに端ミシンをかける。両端は5mm内側に折り込んでぬう。
6 リボンの横15cmのところを左襟下にぬい付ける（図4）。リボンを付ける位置はお好みでOK。
7 でき上がり！

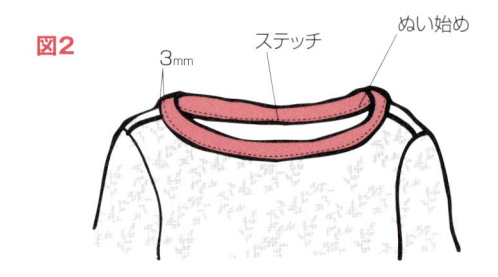

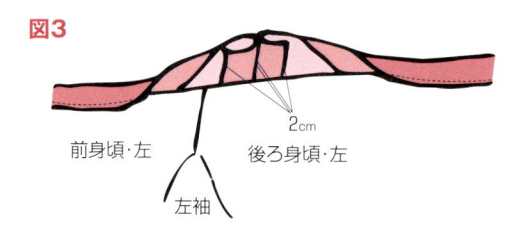

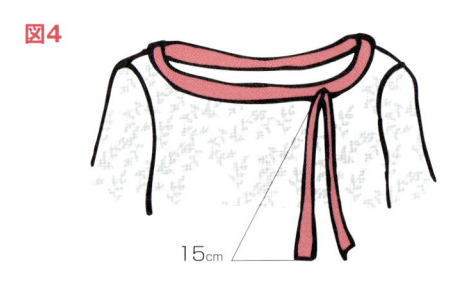

図1

図2　3mm　ステッチ　ぬい始め

図3　前身頃・左　後ろ身頃・左　左袖　2cm

図4　15cm

着丈を短くする （P10・下段右）

使用アイテム
・婦人Tシャツ(L)

材料と用具
・レース2.5cm幅×84cm

プロセス

1 裾まわりを測り、レースをカット。サンプルは72cmになる。
2 裾から5cmのところにレースをぐるりとぬい付ける。レースの生地端から2mmのところをぬう(図1)。
3 レースの上の身頃1.2cmをレースの上にかぶせて折り上げ、マチ針を打ち、しつけをかける。裾側の生地端から1mmと1.1cmのところにステッチをかけてWステッチ仕上げにする(図2)。
4 袖飾りを作る。残りのレース(サンプルは12cm)を横半分に折り、わから2.5cmのところをぬう(図3-1)。
5 三角部分を袖の表側に置いてマチ針を打ち、しつけをかけて、レースをぬい付ける(図3-2)。
裏側は袖口のステッチの上にぬい付ける(図3-3)。
6 でき上がり！

図1

ぬう　2mm
5cm
2.5cm

図2

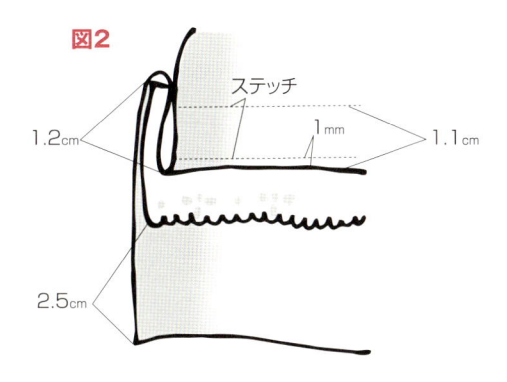

ステッチ
1.2cm　1mm　1.1cm
2.5cm

図3-1
6cm
わ
ぬう
2.5cm

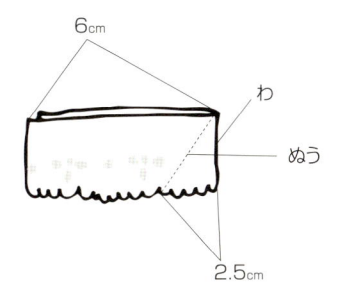

図3-2
ぬう

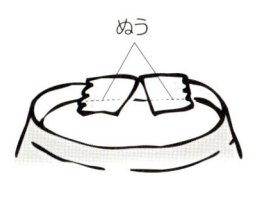

図3-3
ぬう

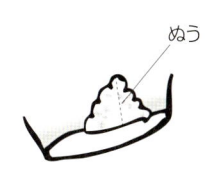

伸びた袖口を隠す （P11・上段）

使用アイテム
・子ども用長袖Tシャツ(100cm)

材料と用具
・ふちどり用ニットバイヤステープ(赤、紺)
　各1.5cm幅×41cm
・接着テープ適宜

プロセス

1. 返しにして、肩山のステッチをほどいて左右の袖を身頃からはずす。
2. 襟ぐりの長さを測り、赤と紺のバイヤステープをカット。サンプルは40cmになる。
3. Tシャツを表に返し、脇からバイヤステープで袖ぐりをくるむ。バイヤステープの両端を2cm残しておく。
4. バイヤステープをアイロンで押さえる。袖口から7mmと1.2cmのところにステッチをかけてWステッチ仕上げにする(図1)。ぬい終わりは残しておいた両端2cmを重ねてぬい、アイロンでぬい代を割ってから、ステッチ(P60-図3参照)。もう片方の袖ぐりも同様にぬう。
5. ワッペンを作る。1ではずした袖の残布の白地の部分とバイヤステープの残りを、1.5cm×9mmにカット。接着テープを台にして貼りつける(図2)。
6. ワッペンを裾にぬい付ける(図1)。
7. でき上がり！

長袖をフレンチスリーブ風にする （P10・下段左）

使用アイテム
・婦人長袖Tシャツ(M)

材料と用具
・特になし

プロセス

1. 肩山から13cmのところで左右の袖をカット(図1)。袖口から2cmのところにでき上がり線を引く(図1)。袖底を短めにするとフレンチスリーブ風になる。
2. カットした生地端にジグザグミシンをかける。
3. 袖口を2cm内側に折ってアイロンで押さえる。袖口から1cmと1.5cmのところにステッチをかけて、Wステッチ仕上げにする(図2)。もう片方の袖も同様にぬう。
4. でき上がり！

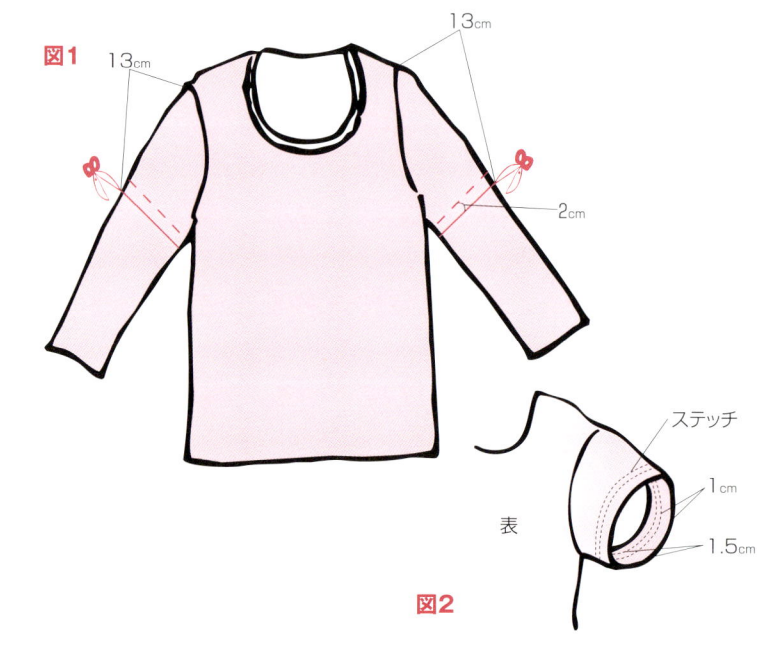

短くなった袖をカバーする (P11・下段)

使用アイテム
・子ども用ワンピース(90㎝)

材料と用具
・ゴムテープ5㎜幅×40㎝

プロセス

1 肩山から13.5㎝のところで左右の袖をカット(図1)。袖口から2.5㎝のところにでき上がり線を引く(図1)。
2 袖口を1㎝幅の三つ折りにする(まず5㎜折り、次に1㎝折る)。アイロンで押さえて、袖口から8㎜のところにステッチ。ぬい始めの1㎝手前でぬい終わり、ゴム通し口にする(図2)。もう片方の袖も同様にぬう。
3 ゴムテープを20㎝にカット。袖にゴムを通し、両端を1㎝重ねてぬう(図3)。
4 ゴム通し口にステッチをかける。
5 でき上がり!

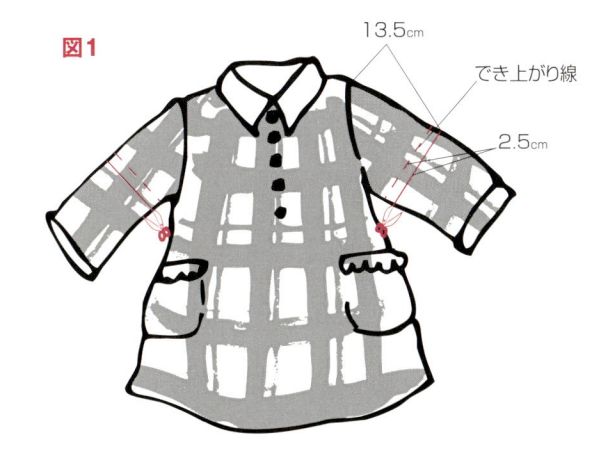

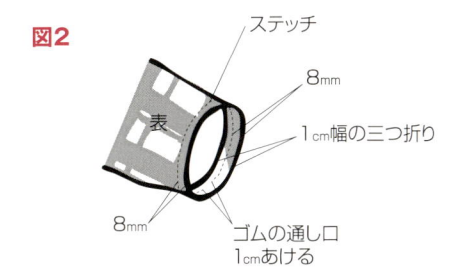

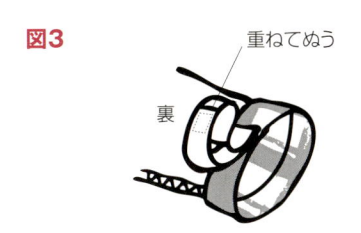

図1　13.5㎝　でき上がり線　2.5㎝

図2　ステッチ　8㎜　1㎝幅の三つ折り　表　8㎜　ゴムの通し口1㎝あける

図3　重ねてぬう　裏

Profile

宮原智子（みやはらともこ）

リフォーム＆リメイクスクール『縫工房』主宰
株式会社リフォーム三光サービス専務取締役

1956年福岡県出身。子どもの頃から祖母や母の和裁や洋裁、編み物などの手仕事に触れて暮らす。専業主婦を経て、1995年より現職。日々、店舗の現場に立ち、全国から持ち込まれる洋服お直しやリメイクのニーズに対応する。2006年にプロ・リフォーマー養成をめざすリフォーム＆リメイクスクール『縫工房』を開講。一生使える"縫う"技術をOLや主婦たちを中心に教える。「服に自分を合わせるのではなく、自分に合わせた服を着る」がモットーのAB型。

◆ホームページ　http://www.r3kou.jp/

Staff

撮影　●　前田一樹
ブックデザイン　●　釜内由紀江・五十嵐奈央子
作り方イラスト　●　camiyama emi
撮影協力　●　居石春子、田口恵利、藤真夕（リフォーム三光サービス）
企画協力　●　宮崎高志（リフォーム三光サービス　代表取締役）
企画編集　●　桜井美貴子（株式会社エイブル）

Special thanks

加藤一二三
前田実穂
（有）トレードマークコーポレーション

プロが教えるコツとワザ
自分でできるかんたん洋服お直しの本

2010年5月10日　初版発行

著　者　　宮原智子
発行者　　川口　渉
発行所　　株式会社アーク出版
　　　　　〒162-0843　東京都新宿区市谷田町2-7　東ビル
　　　　　電話03-5261-4081　FAX03-5206-1273
　　　　　http://www.ark-gr.co.jp/shuppan/
印刷・製本　三美印刷株式会社

本書掲載のイラスト・写真等を無断で転載することを禁じます。
乱丁・落丁の場合はお取替え致します。

ⓒT.Miyahara 2010 Printed in Japan
ISBN978-4-86059-090-1